꽃은 나에게
마음의 숲이 되어주었다

Forêt de l'Esprit

일러두기

- 개화 시기는 품종, 재배환경, 기후에 따라 달라질 수 있으며, 국가나 지역에 따라서도 차이가 있다. 이 책에서 언급하는 개화 시기는 각 꽃의 일반적인 자연 개화 시기를 나타내며, 실제 개화 시기는 해마다 달라질 수 있다.
- 꽃 시장은 원예 기술 발전을 통한 온실 재배와 해외 수입으로 자연 개화 시기보다 앞서 꽃을 공급한다. 이로 인해 꽃의 유통 기간이 크게 연장되었다. 일부 꽃은 여전히 자연 개화 시기와 시장 유통 시기가 일치하나, 사계절 내내 피는 품종이 개발되어 연중 감상이 가능한 꽃도 있다.
- 같은 꽃이라도 지역성, 역사성, 외래어, 형태나 특징, 상징성 등에 따라 여러 가지 이름을 가진다. 예를 들어, 마가렛과 마거리트는 같은 꽃이지만, 마가렛은 한국에서 널리 사용되는 영어 이름이고 마거리트는 한국에서 그보다 덜 사용되는 프랑스어 이름이다.
- 꽃말은 꽃을 의미 있게 만들어주는 상징적인 문화요소이다. 하나의 정해진 의미가 아니라 문화적 · 시대적 · 역사적 배경, 꽃의 색상 및 특징, 해석에 따라 달라질 수 있기 때문에 꽃말이 다양하게 존재할 수 있다.

글을 시작하며

꽃을 만나기 전 나는 항상 '무언가'를 찾고 있었다. 그것이 정확히 무엇인지는 알 수 없었지만, 삶에서 내가 살아있다는 느낌을 주는 재미있고 흥미로운 무언가가 있지 않을까 막연히 생각하곤 했다. 나는 평범하지만 성실한 사람이었다. 보이지 않아도 꾸준히 조용하게 나의 길을 닦아나가는 사람이었다. 하지만 왠지 부족하다는 느낌이 들었다.

그러던 어느 날 우연히 삶에서 꽃을 만났다. 무채색이었던 나의 삶은 꽃을 만난 후 다채로운 색채로 물들어 갔다. 일상이 흥겨워지기 시작했고, 막연한 무언가가 아닌 꽃과 관련된 생생한 꿈을 꾸게 되었다. 사실 꿈을 꾸지 않았던 이전의 삶은 평온하고 안정적이었지만, 어딘가 모르게 공허했다. 그러다 꿈이 생기니 삶에 열정과 설렘이 더해져 매일이 새로운 날처럼 느껴졌다. 하루 종일 꽃을 만나도 지치지 않았고, 꽃으로 만난 인연들에 감사했다. 삶이라는 그림에 색이 입혀지고 아름다운 꽃밭이 펼쳐졌다. 꽃이 싱그러우니 벌과 새도 찾아왔고, 매일 축제를 여는 듯 따뜻한 봄볕에 기분 좋은 나날이 이어졌다. 그러나 시간이 흐른 어느 날, 해가 지고 그림자가 드리우기 시작했다. 단조로운 삶을 살아와서 색채로 가득한 세상에서 만난 그림자를 대하는 법을 알지 못했다. 시간이 흐르며 나는 점차 시들해지고 낡아져 갔다.

그러다 문득 깨달았다. 모든 것을 완벽하게 해내야 한다는 강박감으로 힘들었다는 것을. 누구도 요구하지 않았지만, 스스로 지나치게 높은 기준을 세워 나를 속박했던 것이다. 계절이 순환하듯, 화창한 봄과 뜨거운 여름이 지나 추운 겨울이 오고 있었다. 인생에는 꽃이 피고 열매를 맺는 시기도 있지만, 겨울을 이겨내기 위해 성장을 멈추는 시기도 있다.

동굴 속으로 들어가서 삶을 돌아보기로 했다. 내려놓아야 할 것은 내려놓고, 흘러가야 할 것은 흘러가게 내버려 두었다. 삶의 열정 이후 찾아오는 것들을 다스리는 법을 배워야 했고, 내가 서 있는 자리에서 단단하고 건강한 마음으로 살아가는 것이 가장 중요하다는 것을 깨달았다. 그러던 중 글을 쓸 기회가 주어졌다. 눈을 감으면 선명해지는, 반짝이는 꽃과 같은 날들과 마음의 불이 꺼진 무수한 불변의 밤들을 통과하며 느꼈던 소란한 감정을 글로 표현했다.

나는 아직도 견디며 배우고 있다. 행복과 괴로움이 교차하는 양가적 감정 속에서 어둠이 되기도 하고 햇살이 되기도 하면서, 묵묵히 내면의 소리에 귀 기울이며 나만의 이야기를 써 내려가고 있다. 나의 문장이 어딘가에서 잠 못 들고 있는 누군가에게 잠시나마 마음의 숲이 되어주길 바란다.

목차

글을 시작하며　　004

1장
겨울과 봄

스위트피 (아이덴티티)　　012

라넌큘러스 (꿈친구)　　018

헬레보루스 (한겨울에 피는 꽃)　　022

유칼립투스 (크리스마스를 기다리며)　　026

수선화 (나르시시즘)　　030

조팝나무 (봄의 선율)　　036

미모사 아카시아 (인생의 시기)　　040

벚꽃 (영향을 주고받는 사회)　　044

튤립 (인간관계에서 어쩔 수 없음을 받아들이는 법)　　050

류코코리네 (슬픔과 아름다움 사이에서)　　054

마가렛 (마가렛 같은 할머니가 되고 싶어)　　058

라일락 (예민한 사람이 세상을 살아가기 위하여)　　064

양귀비 (찬란한 순간의 아름다움)　　068

프리틸라리아 (마음의 뿌리가 튼튼해지기를)　　074

아네모네 (좋아서 하는 일)　　080

작약 (지금 이 순간)　　086

장미 (길들인 모든 것들에 대한 책임)　　090

클레마티스 (계절의 순환)　　094

2장
여름과 가을

니겔라 (사랑이란 무엇인가)   102

안개나무 (정의할 수 없는 정의)   108

아스틸베 (세상의 주인공이 아니더라도)   114

수국 (있는 그대로 바라본다는 것은)   120

델피니움 (몰입의 자유로움)   126

금꿩의다리 (줄리 앤 줄리아)   130

안개꽃 (무용한 것들을 사랑하는 사람)   136

백일홍 (꽃의 수명에 대하여)   140

아미초 (빨강머리 앤의 시선)   146

플록스 (변화의 흐름 속에서)   150

해바라기 (반 고흐의 열정)   154

스카비오사 (마음의 감기)   160

코스모스 (자유로운 아이를 닮은 꽃)   164

달리아 (꼭 해내고야 말겠다는 마음이 주는 괴로움)   168

소국 (일상을 든든하게 지켜주는 하루 루틴)   172

억새 (가을을 준비하는 자세)   176

3장
마음의 숲

나는 내 꿈속에서 살고 싶어	184
새벽의 시간	190
꽃의 안부	194
상처에서 피어나는 꽃	198
마음을 전하는 일	202
꽃의 시작과 소멸을 지켜보는 일	206
꿈꾸는 습관	208
기다림에 지쳐 겨울잠을 자고	214
불면의 밤	218
꽃으로부터	222
잃어버린 영혼	226
마음의 쉼표	232
바다의 소리	238
익숙한 불안	242
숲의 생장	246
씨앗을 심으면	250
나의 정원	254

글을 마치며	258

1장
겨울과 봄

"자신의 고유한 속도대로 아름다움을 피워내는 것"

스위트피
아이덴티티

    꽃 시장은 새벽에 가장 활기찬 모습을 보인다. 각양각색의 꽃들이 아름다운 자태를 뽐내고, 상인들의 열정적인 목소리가 공기 중에 흩어진다. 이 생동감 넘치는 에너지 속에서 나는 열정과 활력을 얻는다. 나에게 꽃 시장은 꽃을 구매하는 공간일 뿐만 아니라 탐험의 공간이기도 하다. 주로 주 거래처에서 꽃을 구매하지만, 동시에 꽃 시장 전체를 둘러보며 항상 새롭고 독특한 꽃을 찾아다닌다. 그러다 평소에 볼 수 없던 아름다운 꽃을 찾으면 보물을 발견한 듯한 행복감을 느낀다. 꽃을 고르는 일 자체가 예술이 되고, 형형색색의 꽃들 속 조화를 이루는 꽃을 찾아가는 과정에서 새로운 아이디어와 영감이 떠오른다.

    꽃 시장에 가기 전에 주문받은 꽃과 수업 디자인에 따라 꽃 종류, 색감, 가격대를 고려하여 구매 리스트를 미리 만든다. 그리고 새벽에 꽃 시장에 가서 원하는 꽃을 확보하기 위해 분주하게 움직인다. 국산 꽃은 당일 품질과 신선도를 확인한 후 구매하고, 수입 꽃은 당일에 구하기 어려운 경우가 많아서 미리 예약한다. 하지만 예상치 못한 상황이 발생하기도 한다. 날씨나 상황에 따라 꽃 시장에 원하는 꽃이 입고되지 않거나 예약한 꽃이라도 당일 꽃의 품질이 좋지 않을 수 있다. 그럴 때는 현장에서 빠르게 대체 꽃을 찾아야 한다. 이렇게 꽃 시장에서는 늘 모험을 하듯 긴장과 설렘이 공존한다.

하늘빛 스위트피

어느 날, 원하는 꽃을 모두 구입했지만 꽃 시장을 돌아다니며 자꾸 눈길이 가는 꽃이 있었다. 바로 하늘빛 염료로 염색된 오묘하고 신비로운 스위트피였다. 스위트피는 달콤한 향기와 다채로운 색상으로 사랑받는 꽃이다. 본래 봄에서 초여름에 피는 꽃이지만, 겨울에도 꽃을 피우는 품종으로 개발되어 11월부터 이듬해 봄까지도 만나볼 수 있다. 나비 모양의 섬세한 꽃잎은 마치 날갯짓을 하듯 아름답고, 은은하고 향긋한 향기는 향수의 원료로 쓰일 만큼 매력적이다. 다양한 색상의 스위트피는 꽃다발이나 꽃꽂이에 활용도가 높아 특별한 날을 더욱 신비롭고 아름답게 만들어준다.

하늘빛 스위트피는 원래 구매 리스트에 있던 꽃은 아니었지만, 눈에 아른거려 결국 추가로 구입했다. 사장님이 따뜻하게 웃으시며 "이 꽃을 보고 메이플레르가 생각났어요."라고 말씀하셨다. 수천 명의 사람이 오가는 꽃 시장에서 하늘빛 스위트피를 보고 나를 떠올렸다는 사실이 기쁘고 감사했다. 꽃은 단지 상품을 넘어서 자신의 생각과 감성을 표현하는 매개체이자, 꽃을 만드는 사람의 디자인과 스타일을 통해 자연스럽게 아이덴티티가 드러나는 캔버스가 되곤 한다.

다양한 색상의 스위트피

요즘 나는 아이덴티티에 대해 가장 많이 고민한다. 휴대폰을 켜면 원하든 원하지 않든 다양한 아름다움이 눈앞에 펼쳐진다. 나와 다른 매력을 가진 아름다움과 비교하며 불안을 느끼기도 하고, 때론 다양성을 인정하지 않고 자신의 방법만이 정답이라고 주장하는 사람들로 인해 상처받기도 한다. 그러나 세상에는 수많은 꽃이 있듯이 다양한 아름다움이 존재한다. 아름다운 장미, 귀여운 소녀 같은 마가렛, 청량한 하늘과 바다의 빛을 간직한 델피니움, 자유로운 나비를 닮은 버터플라이 라넌큘러스 등 꽃이 가진 다양한 매력과 가치가 있다. 그들은 서로 닮아가려 하지 않고 동시에 피어나지 않으며 자신만의 계절을 묵묵히 피워내며 세상을 아름답게 한다.

가치관, 취향, 성향에 따라 선호도가 다를 뿐, 어떤 아름다움이 더 낫거나 더 의미 있는 것은 아니다. 그저 다를 뿐이다. 아름다움에는 정답이 없다. 우리가 마음의 평온을 잃어버리는 이유는 비교하는 마음 때문이 아닐까? 각자에게 주어진 고유한 아름다움을 바라보지 않고 타인과 계속 비교하는 순간, 마음은 불안해지고 불행이라는 그림자가 드리운다. 가변적인 행복 속에서 늘 긴장하며 힘을 주고 산다면 언젠가는 지쳐 무너질지 모른다.

선이 고운 꽃은 우아하며 자유로운 아름다움을, 잔잔한 풀꽃은 순수함을, 화려한 꽃은 강렬한 매력을 가지고 있다. 꽃을 보듯 사람을 본다. 각자가 그 본래 자체로 존재하기에 세상은 다채롭고 아름답다. 우리 또한 자신만의 아름다움을 찾고 자신만의 시기에 피어나야 한다. 주변을 바라보느라 나의 색을 잃지 않기를. 나답게 살기를. 오늘도 나 자신에게 가만히 이야기해 본다.

라넌큘러스
꿈친구

    겨울 어둠 속에서 봄의 속삭임처럼 피어나는 라넌큘러스는 수백 개의 꽃잎이 겹겹이 쌓여있어 입체감이 느껴지는 꽃이다. 본래 4월부터 5월까지 피는 봄꽃이지만, 현대 원예 기술의 발전으로 품종이 개량되어 이제는 겨울부터 이듬해 봄까지 만나볼 수 있게 되었다. 겨울에 피어나는 향기로운 봄꽃은 추위를 많이 타서 겨울을 싫어하는 사람에게 마음의 위안과 큰 기쁨을 준다.

    라넌큘러스는 얇은 꽃잎이 수채화처럼 물들며 풍성하게 피어난다. 흰색, 분홍색, 노란색, 주황색 등 다채로운 색상을 가지고 있으며, 꽃봉오리와 활짝 핀 꽃들이 함께 어우러지면 마치 봄의 왈츠를 선보이는 것 같다. 다양한 꽃꽂이에 활용되며, 특히 결혼식 부케로 인기가 많다.

    라넌큘러스(Ranunculus)는 개구리를 뜻하는 라틴어 'rana'에서 유래된 이름이다. 이 이름은 라넌큘러스가 주로 습한 환경에서 잘 자라는 특성을 반영한다. 장미나 작약과 비슷한 외모를 가졌지만, 라넌큘러스만의 독특하고 사랑스러운 매력이 있다. 겨울에서 봄까지 오랜 기간 꽃을 피우고 실내 수명도 길다는 장점이 있다. 만개하면 꽃잎이 크고 아름답지만, 줄기가 비어있어 꺾이기 쉬우므로 주의해야 한다.

    그중에서도 나는 버터플라이 라넌큘러스를 특히 좋아한다. 14년 전 처음 만났

버터플라이 라넌큘러스

을 때는 일본 수입 꽃이라 가격이 비싸고 구하기 어려웠지만, 이제는 국산화되면서 겨울에서 봄 사이에 쉽게 만날 수 있게 되었다. 광택이 있는 물결 모양의 얇은 꽃잎이 나비 날개를 닮아 라넌큘러스에 '버터플라이'라는 이름이 붙었다. 나는 꽃 디자인 작업을 할 때 줄기의 라인을 통해 작품 전체의 선과 흐름을 표현하는 것을 선호하는데, 버터플라이 라넌큘러스의 물결치는 듯한 줄기는 마치 한 폭의 동양화 같아 작품에 매력을 더해준다. 또한, 활짝 핀 꽃잎이 떨어져도 꽃봉오리들이 있어 오랫동안 꽃의 탄생과 성장 과정을 지켜볼 수 있다.

　라넌큘러스를 보면 한 친구가 떠오른다. 20대 중반에 꽃을 취미로 시작했을 때, 비슷한 시기에 꽃을 배우던 친구였다. 그 당시 내 주변에는 꽃을 좋아하는 친구들이 거의 없었는데, 그 친구를 만나면 꽃 이야기로 시간 가는 줄 몰랐다. 내가 좋아하는 꽃에 대해 마음껏 이야기할 수 있는 친구가 있다는 것만으로도 기쁘고 감사했다. 나는 프렌치 스타일의 자유롭고 내추럴한 디자인을 좋아했고, 친구는 깔끔하고 모던한 영국식 꽃 스타일을 좋아했다. 이후 나는 프랑스로, 친구는 영국으로 각자 꽃 공부를 하러 갔다. 그렇게 함께 또 다르게 자신만의 방식으로 꽃길을 걸어갔다.

 우리는 20대에 함께 꿈을 꾸다가 서른 즈음에 좋아하는 일을 직업으로 삼았다. 초반에는 모르는 부분이 있으면 서로 도와주고, 쉬는 날이면 카페에서 만나 각자 배운 내용을 나누며 공부했다. 시간이 지나 친구는 지방으로 내려가 꽃집을 열었고 이후 결혼과 출산도 했지만, 여전히 연락하며 지낸다. 빨강머리 앤의 친구인 다이애나 같은 그녀가 가장 좋아하던 꽃은 라넌큘러스였다. 순수하며 우아한 모습이 꼭 그녀를 닮았다. 해맑게 웃고 늘 감사하는 마음을 지닌 긍정적인 친구 덕분에 나 또한 희망을 간직한 채 앞으로 나아갈 수 있었다.

 매년 라넌큘러스가 나오는 겨울이 오면 함께 꿈꾸고 자랐던 그 시절이 떠오른다. 청춘의 설렘과 꿈이 가득했던 때, 꽃으로 연결된 우정은 바람이 불어 흔들릴 때마다 꽃으로 피어나 다친 마음을 위로해 주는 것 같았다. 시간은 흘렀지만, 그 시절의 기억은 내 안에 예쁜 그림처럼 고스란히 남아있다.

헬레보루스
한겨울에 피는 꽃

헬레보루스는 겨울의 어둠 속에서 피어나는 꽃으로 희망의 빛과 용기를 상징한다. 유럽이 원산지인 이 꽃은 대부분 12월부터 4월까지 개화하며, 흰색, 연한 녹색, 분홍색, 버건디색 등 다양한 빛깔을 자랑한다. 헬레보루스는 속명이고, 그 안에 여러 종이 있다. 그중 학명이 헬레보루스 니게르(Helleborus niger)인 종은 '크리스마스 로즈'라는 일반적인 명칭으로 알려져 있으며, 실제로 크리스마스 즈음에 꽃을 피우기도 한다.

크리스마스 로즈라는 이름에는 아름다운 전설이 담겨 있다. 가난한 양치기 소년은 예수님의 탄생을 축하하고 싶었지만 아무것도 준비하지 못해 슬픔에 잠겼다. 그의 순수한 마음을 불쌍히 여긴 천사가 눈 속에서 겨울잠을 자던 꽃을 꺼내주었다. 소년은 이 꽃을 예수님께 드렸고, 꽃은 감사해 하며 고개를 숙였다고 한다. 이렇게 크리스마스에 피어난 꽃은 크리스마스 로즈라고 불리게 되었고, 겨울의 어둠 속에서도 희망과 사랑을 상징하는 꽃으로 사랑받게 되었다.

꽃을 배우던 시절, 헬레보루스를 처음 만났던 날이 떠오른다. 헬레보루스는 추운 겨울 눈 속에서 피어난 보석 같았다. 나는 꽃 장식을 할 때 사계절 내내 볼 수 있는 꽃과 특정한 계절에만 볼 수 있는 계절 꽃을 함께 사용하는 편이다. 계절 꽃을 넣으면 작품의 시기를 가늠할 수 있고 계절의 색이 담겨 작품이 더욱 자연스럽

크리스마스 로즈

고 아름다워진다. 헬레보루스는 작품에 겨울의 색을 한층 더해주는 꽃이었다.

봄은 그야말로 꽃의 천국이다. 거리마다 피고 지는 꽃들로 매일 호사스럽다. 하지만 꽃이 피는 계절이 봄만 있는 것은 아니다. 더운 여름과 가을에도 꽃은 피고, 심지어 추운 겨울에도 꽃은 핀다. 그러니 굳이 남들이 피는 봄이 아니어도 된다. 우리는 불안의 시대에 살아가고 있다. 어느 시기에 도달해야 할 것들에 도달하지 못하면 불안해지고 성취에 대한 조급함으로 마음의 평화가 깨진다. 그러나 모두가 같은 속도로 달리는 것은 아니다. 많은 이들이 봄에 꽃을 피운다고 해도 나의 계절과 그들의 계절은 다르다. 중요한 것은 자신의 고유한 속도대로 아름다움을 피워내는 것이다. 부디 주변을 바라보느라 내 영혼의 속도를 재촉하지 말기를.

헬레보루스는 겨울의 어둠 속에서 꽃을 피우며 자신만의 속도를 지킨다. 헬레보루스의 꽃말은 '나의 불안을 진정시켜 주세요'이다. 불안을 내려놓고 생각해 보면, 꽃이 없는 메마른 겨울에 피는 꽃이 오히려 많은 사람들에게 신비로움과 큰 행복을 선물한다. 눈 덮인 겨울 풍경 속에서 피는 특별한 꽃이니까.

유칼립투스
크리스마스를 기다리며

　푸른 햇살 아래 유칼립투스가 바람에 흔들리며 춤을 춘다. 나뭇잎이 살랑거리며 상쾌한 초록의 향기를 내뿜는 모습은 우리의 걱정과 고민을 잊게 해준다. 호주가 원산지인 유칼립투스는 700여 종 이상의 종류가 있고, 상록수이기에 사계절 내내 볼 수 있다. 유칼립투스의 긴 줄기와 싱그러운 초록빛 잎은 꽃 시장에서 늘 사랑받는 소재로, 다양한 꽃 장식에 활용된다. 유칼립투스의 독특한 향기는 호흡기 건강과 집중력 향상에 좋고, 스트레스와 통증 완화에도 도움을 준다.

　유칼립투스(Eucalyptus)라는 이름은 그리스어 'Eu(잘)'와 'Kalyptos(덮다)'에서 유래했다. 꽃봉오리가 꽃받침으로 잘 덮여있는 독특한 모습을 표현한 이름이다. 12월부터 3월에 호주에서 유칼립투스 꽃이 피며, 겨울철에 우리나라로 수입되어 꽃 장식에 많이 사용된다. 꽃봉오리 상태로 수입된 유칼립투스는 꽃받침이 떨어지고 나면 새하얀 눈송이 같은 꽃이 피어난다. 꽃봉오리 상태에서 말리면 드라이플라워로도 활용할 수 있다. 유칼립투스의 잎과 꽃은 크리스마스 리스, 트리 등 겨울 장식뿐만 아니라 다양한 꽃꽂이에도 활용되며, 상쾌한 향기와 아름다운 잎은 어느 공간에나 생기를 불어넣어 준다.

　옷이 두꺼워지고 거리의 색이 사라지는 겨울. 찬바람이 불어오는 추운 계절이지만, 우리의 마음속에는 따스한 기대감이 피어난다. 바로 크리스마스 때문이다.

유칼립투스 리스

크리스마스에는 예수 그리스도의 탄생을 기념하는 종교적 의미가 있지만, 이제는 전 세계적인 문화적 행사로 자리 잡았다. 솜사탕 같은 흰 눈이 흩날리는 겨울 풍경 속에서, 따뜻한 불빛 아래 반짝이는 크리스마스 트리가 있는 집은 마치 동화 속 한 장면 같다. 사랑하는 가족과 함께 모여 온기를 나누며 즐거운 시간을 보내는 것은 많은 사람들이 꿈꾸는 순간이다. 아이들은 산타클로스를 기다리며 설렘 가득한 마음으로 잠이 들고, 어른들은 크리스마스 케이크를 준비하고 맛있는 식사를 함께하며 서로에게 감사하는 마음으로 선물을 나눈다. 이렇게 따스한 분위기가 바로 우리가 상상하는 크리스마스의 모습이 아닐까.

  11월부터 시작되는 크리스마스 준비는 작은 꽃 작업실에 활기를 불어넣는다. 이맘때 나는 수업과 주문 제작으로 바쁜 시간을 보낸다. 매년 많은 사람들이 연례행

사처럼 크리스마스 트리와 리스를 만들고 크리스마스 분위기로 공간을 장식한다. 우리는 지난 한 해 동안 수고한 자신과 사랑하는 사람들을 위해 특별한 크리스마스 시간을 만들고, 그 속에서 위로받고 행복을 느끼고자 하는 것일지도 모른다. 이 시간은 한 해를 마무리하고 돌아보며 새로운 다짐을 하는 계기이자 다가올 새해를 살아갈 힘을 얻는 순간이기도 하다. 많은 이들이 크리스마스를 설렘으로 기다리는 가운데, 유칼립투스에 피어나는 새하얀 꽃처럼 우리 마음에도 크리스마스가 아름다운 시간으로 기억되기를 바란다. 반짝이는 추억은 분명 우리에게 일상을 살아갈 힘을 줄 것이다.

수선화
나르시시즘

아름다운 청년 나르키소스는 숲속에서 사냥을 하다 목이 말라 샘을 찾아갔다. 샘에 고개를 숙여 목을 축이려던 순간, 그는 물에 비친 자신의 모습을 보고 사랑에 빠져 버렸다. 스스로에게 매혹된 그는 결국 샘물에 빠져 죽게 되고, 그가 죽은 자리에는 한 송이 꽃이 피어났다. 그 꽃이 바로 수선화이다. 그리스 로마 신화에서 유래된 이 이야기는 수선화의 꽃말인 '자기애'를 설명한다. 자신의 아름다움에 지나치게 집착했던 나르키소스의 모습은 오늘날 '나르시시즘'이라는 정신분석학 용어로 사용되고 있으며, 이는 지나친 자기애를 일컫는 말이 되었다.

수선화는 12월부터 4월까지 다양한 시기에 개화하며, 특히 늦겨울의 한기가 남아 있는 2월 말부터 봄기운이 완연한 4월 초까지 그 아름다움을 만끽할 수 있다. 이 시기에 수선화는 향긋하고 달콤한 향기로 우리에게 봄의 싱그러운 메시지를 전한다. 작은 요정처럼 아기자기한 모습의 수선화는 봄의 희망과 아름다움을 상징하면서도 자기애라는 어두운 면도 가지고 있는 꽃이다.

자신의 세계에 갇혀 타인을 바라보지 못하는 사람들이 있다. 그들은 타인의 감정을 이해하지 못하고, 자신의 내면과 필요에만 집중하다 보니 자신만이 특별하다는 생각에 사로잡히게 된다. 외모, 능력, 성취에 지나치게 관심을 가지고 사람들의 칭찬을 바라다 보면 결국 진정한 자아를 채우지 못하고 허상에 매달리게 된다. 그리고 타인과 진정한 관계를 형성하지 못해 그 내면에는 깊은 공허함이 자리 잡게 된다.

우리는 누구나 어느 정도의 나르시시즘을 가지고 있다. 자신을 사랑하고 가치 있다고 여기는 것은 건강한 자아 발달의 일부이다. 하지만 SNS 시대의 나르시시즘은 어두운 그림자를 드리우기도 한다. SNS는 전 세계 사람들이 자신을 표현하고 삶의 조각을 공유하며 타인과 소통하는 플랫폼이다. 하지만 자연스러운 일상보다는 완벽하고 아름다운 순간만을 보여주는 경우가 많아 진정한 우리의 삶이라고 보기는 어렵다. 그러다 보니 행복해 보이는 타인의 모습을 보며 자존감이 낮아지거나 열등감에 사로잡히는 사람들이 생겨난다. SNS는 자연스럽게 우리의 삶을 타인의 삶과 비교하게 하고, 완벽한 사진을 찍기 위해서만 일상을 살게 만들기도 한다. 자신의 가치를 타인의 관심과 칭찬에만 의존하면 끊임없이 증명해야 하는 삶을 살게 된다.

나도 특별한 날에는 행복해야 한다는 부담감으로 오히려 행복하지 못했다. 사진은 분명 소중한 순간을 기록하고 자신만의 시각으로 세상을 바라보는 표현의 도구이지만, 언제부턴가 사진 자체에만 집중하게 되었다. 여행을 가서 아름다운 풍경을 바라보며 여유롭게 감상하기보다 풍경을 어떻게 사진에 담을지 고민하고, 사진이 잘 나오지 않으면 속상한 기분마저 들었다. 그러다 보니 중요한 것을 놓쳐버린 기분이 들었다. 사진은 행복을 기록하는 도구일 뿐 행복 그 자체는 아니다. 사진 속 행복에 매몰되어 진정한 감정을 놓치는 순간 피상적인 행복에만 사로잡히게 된다.

요즘엔 카메라를 손에서 놓을 때가 많아졌다. 물론 특별한 날에는 아름다운 순간을 사진에 담기도 하지만, 그보다는 내 눈으로 담는 날이 늘어갔다. 전에는 매일 쑥쑥 커가는 아이의 귀여운 모습을 담으려 휴대폰을 계속 들고 있었는데, 이제는 휴대폰을 통해 바라보기보다 서로의 눈을 마주치며 내 마음속에 아이의 모습

수선화

을 꾹꾹 눌러 담는다. 이 순간을 찍지 않으면 놓쳐버릴 것 같았지만, 마음속에 담긴 그 시간은 결코 사라지지 않았다. 비로소 숨통이 트이는 것 같았다.

현대 사회는 개인의 성공과 가치를 끊임없이 증명해야 하는 분위기를 조성한다. 그 가운데 우리는 서로 비교하고 평가하면서 타인의 인정과 칭찬을 갈망한다. 하지만 겉으로 보이는 것이 전부는 아니다. 타인이 선망하는 것이 아닌 내가 원하는 것을 바라보고 나의 삶을 살아가야 한다. 그래야 비로소 타인의 삶도 긍정적으로 바라볼 수 있다.

자기애를 상징하는 수선화는 강렬하고 달콤한 향기를 내뿜는다. 수선화는 홀로 피어날 때도 아름답지만, 다양한 모양과 색감의 꽃들과 조화롭게 어우러질 때 더욱 풍성하고 아름다운 모습을 보여주며 빛을 발한다. 이는 마치 우리의 삶과도 닮아있다.

　우리도 때론 나만의 세계에 갇혀 고립감을 느낄 수 있다. 지금 나만의 세계에 갇혀서 힘들다면, 수선화가 다른 꽃들과 어우러져 더 아름다워지듯이, 우리도 시선을 돌려 주변을 바라보고 그들의 삶을 진정으로 응원하자. 우리의 삶은 꼭 특별해 보이려고 애쓰지 않아도, 타인의 인정을 받지 않아도 있는 그대로 충분히 의미 있고 아름답다.

조팝나무
봄의 선율

 추운 겨울을 견뎌낸 봄의 첫 숨결 같은 조팝나무는 새로운 시작과 탄생을 상징한다. 하얀 눈송이처럼 흩뿌려진 꽃잎의 조팝나무는 겨울의 한가운데서도 봄의 따스함을 느끼게 한다. 한국의 산과 들, 거리에서 흔히 볼 수 있는 꽃으로 4월과 5월에 개화하지만 겨울철인 1월부터 꽃 시장에 등장한다.
 꽃 시장에서 조팝나무는 '설유화'라는 이름으로 불린다. 설유화라는 이름은 흩날리는 눈송이처럼 하얀 꽃잎과 풍성하고 탐스러운 꽃의 모습에서 유래했다. 이 모습은 마치 흰 구름이 땅에 내려앉은 듯 보이며, 작고 맑은 백색 꽃잎으로 깨끗한 분위기를 자아낸다. 한편, 공조팝나무는 꽃 시장에서 조팝나무라는 이름으로 불리는데, 탐스럽고 큰 꽃봉오리와 둥글둥글한 솜털 공을 늘어놓은 듯한 꽃 모양이 특징이다. 매년 봄이면 조팝나무와 공조팝나무는 웨딩 장식의 단골 소재로 사용된다. 풍성한 꽃송이는 결혼식 분위기를 우아하고 고귀하게 만들어주며, 희망과 긍정적인 에너지를 전달한다.
 조팝나무는 단독으로도 충분히 매력적인 꽃꽂이가 된다. 많은 꽃을 더하지 않아도 조팝나무 자체의 느낌을 살려 멋스럽게 연출할 수 있으며, 다른 꽃과 함께 장식해도 편안하고 자연스럽게 어울린다. 그 매력의 핵심은 조팝나무의 독특한 가지에 있다. 조팝나무의 가늘고 유연한 가지는 고운 물결을 연상시키며, 마치 춤추는 듯한 우아한 선을 그려낸다. 이렇듯 유려한 선은 꽃꽂이에 생동감과 율동성을 더해준다. 조팝나무의 순수한 흰 꽃잎은 마치 눈이 쌓인 듯해 보는 이의 마음을 정화해 준다.

나는 조팝나무처럼 혼자 있어도 편안하지만 동시에 사람들과 어울려 조화를 이루기도 하는 존재가 되고 싶다. 봄이 되면 조팝나무가 가지 곳곳에 하얀 꽃송이를 활짝 피워내며 사람들의 마음을 환하게 해주듯, 나 또한 주변에 밝고 긍정적인 에너지를 전하는 사람이 되고자 한다. 세상은 홀로 살아가기 어렵다. 물론 혼자서도 행복하고 단단해져야 하지만, 본질적으로 우리는 혼자서는 살아갈 수 없는 존재들이다. 힘들고 무너질 때면 어려움을 이야기하며 위로받고, 서로의 행복을 인정하고 응원하며 함께 어우러져 살아가는 것이 삶에 큰 힘이 되어준다. 사람들이 쉽게 다가올 수 있고 편안한 대화를 나누고 싶은 사람이 되고 싶은 이유는 나 역시 조팝나무 같은 사람이 내 곁에 있어 주기를 바라서일지도 모른다. 물론 그러기 위해서는 나 또한 그러한 존재가 되어야 한다는 것을 잘 알고 있다.

매년 1월이 되면 어김없이 꽃 시장에 조팝나무가 나오기 시작하고, 난 자연스레 새로운 시작을 알리는 조팝나무를 구매한다. 나무에 내린 하얀 눈꽃처럼 반짝이는 조팝나무의 꽃송이는 언제 보아도 봄의 선율같이 아름답다.

미모사 아카시아
인생의 시기

겨울 추위에 움츠러들었던 대지가 조금씩 생기를 되찾아가는 시기가 되면 노란 미모사 아카시아 꽃이 몽글몽글 피어나기 시작한다. 아직 춥지만 설렘과 기대감을 안고 미모사 아카시아 리스를 만들며 다가오는 봄을 기다린다.

2월부터 3월까지 만개하는 미모사 아카시아는 호주가 원산지인 꽃으로, 밝고 귀여운 노란 꽃잎들이 모여 솜털같이 부드러운 꽃송이를 이룬다. '은엽아카시아'라는 다른 이름처럼, 은은한 잎사귀는 마치 은빛 베일처럼 꽃의 아름다움을 한층 더 돋보이게 한다. 밝고 환한 노란색과 부드러운 질감을 지닌 미모사 아카시아는 같은 노란 계열의 꽃과 함께하면 편안하고 아늑한 분위기를, 인접한 색과 어우러지면 안정감 있는 색감의 조화를, 보라나 파랑 같은 보색과 어우러지면 미모사 아카시아의 노란색이 강조되는 역동적인 느낌을 연출할 수 있다. 섬세한 꽃잎들이 곱게 겹쳐진 미모사 아카시아의 노란 꽃송이는 마치 햇살을 담은 듯 빛나며 봄을 노래하는 듯하다.

모든 꽃은 각자 아름답게 피는 시기가 있다. 꽃 시장에는 사계절 내내 볼 수 있는 꽃과 특정 계절에만 만날 수 있는 꽃이 공존한다. 미모사 아카시아는 겨울에서 봄으로 가는 시기에 피는 계절 꽃으로, 최근에는 유통되는 기간이 조금 늘어났지만 여전히 다른 꽃에 비해 짧은 편이다. 완연한 봄이 오면 더 이상 미모사 아카시아를 볼 수 없기에 많은 이들이 그 시기를 놓치지 않으려 한다. 계절 꽃의 매력은 바로 이런 짧은 만남에 있다. 한번 놓치면 다음 해를 기다려야 하니, 가장 아름다운 시기에 충분히 만나고 나서야 비로소 그 꽃을 보내줄 수 있는 것이다.

미모사 아카시아 리스

꽃에 저마다 피는 시기가 있듯, 사람에게도 시기라는 것이 있다. 인생에서 기회가 몇 번이나 올지는 모른다. 기회를 한 번 놓치면 다시 오기까지 오랜 시간이 걸릴 수 있고, 준비가 되었을 때 정작 기회 자체가 사라져 버릴 수도 있다. 그래서 기회를 만났을 때는 신중히 고민하고 선택하는 것이 중요하다. 무엇이 내게 더 의미 있고 후회하지 않을 선택일지, 상황을 고려해 기회를 잡을지 놓을지 깊이 고민할 필요가 있다. 그리고 그 선택에는 책임이 따르므로, 덜 후회할 수 있는 쪽으로 택하려 노력해야 한다.

　인생은 선택의 연속이다. 우리는 매 순간 선택을 하고, 그 선택이 삶의 방향을 정한다. 나의 인생에도 다양한 선택의 기회가 있었고 그 선택의 결과로 지금의 모습이 되었다. 돌이켜보면 정말 잘한 선택도 있지만 아쉬운 선택의 순간도 있다. 아쉽다 한들 다시 돌아갈 수는 없다. 어떤 선택에는 후회가 따르기도 하지만, 중요한 것은 책임지고 후회하지 않는 마음가짐이다. 지금의 내가 아닌 그 순간의 나에게는 그것이 최선의 선택이었을 것이다. 미모사 아카시아가 피는 짧은 계절에는 가급적 미모사 아카시아를 선택하려 애쓰듯, 우리는 모두 자신만의 계절을 맞이하고 그 계절 가운데 최선의 선택을 하며 살아간다. 우리에게 진정 필요한 것은 주변을 의식하기보다는 내면을 들여다보고 우리가 진심으로 원하는 것이 무엇인지 귀 기울이며 그 소리에 따라 충실히 살아가는 것일지도 모른다.

벚꽃
영향을 주고받는 사회

눈부신 햇살이 따스하게 내리쬐던 봄날, 동화같이 아름다운 풍경을 만났다. 벚꽃 가지에 달린 하얀 꽃잎들이 솜사탕같이 흩날렸고, 바람에 흔들리며 춤을 추듯 살랑거렸다. 은은한 벚꽃 향기가 코끝을 스치자 꽃비가 내리는 듯했고, 마치 봄의 포옹을 받는 것 같았다. 짧은 순간이었지만 봄이 선물한 아름다운 기억으로 남아 있다.

3월과 4월 중에 흰색이나 연분홍색의 꽃잎을 짧게 피워내는 벚꽃은 인생의 덧없음과 순간의 아름다움을 상징한다. 하지만 흐드러지게 핀 꽃잎이 바람에 흩날리는 풍경은 봄의 찬가처럼 우리에게 잊을 수 없는 감동을 선사한다. 그 감동은 오랫동안 우리 마음속에 행복으로 남는다. 매년 짧은 봄을 만끽하며 행복을 나누는 벚꽃 축제는 우리 삶에 기쁨을 준다. 나는 벚꽃 시즌이면 꽃 시장의 벚꽃을 사서 작품에 장식하며 나만의 소소한 벚꽃 축제를 연다.

3월, 동네 공원에서 산책하며 매화꽃을 감상하다 지나가는 사람들이 매화꽃을 벚꽃으로 착각하는 모습을 보았다. 매화는 벚꽃보다 먼저 피고, 꽃잎이 더 둥글고 향도 강하며 가지도 다르다. 벚꽃은 겹벚꽃, 산벚꽃, 왕벚꽃 등 종류가 다양하고 살구꽃, 복사꽃 등 비슷한 시기에 피는 꽃들이 많아 매화 외에도 혼동되는 경우가 많다.

벚꽃

　이처럼 세상에 흡사한 꽃들이 많듯, 우리의 삶 또한 서로 닮아있다. 나만의 정체성과 스타일을 만들고자 노력하지만, 시대의 흐름과 트렌드 속에서 오롯이 나만의 것을 찾기는 쉽지 않다. 서로 연결된 삶 속에서 우리는 무의식적으로 타인의 욕망을 내재화하고 그것을 나의 욕망으로 삼는다. 아마도 타인의 인정과 사랑, 그리고 성공에 대한 열망 때문일 것이다.
　하지만 맹목적으로 타인의 욕망에 휩쓸리기보다는 나 자신의 욕망과 비교하여 조화를 이루는 것이 중요하다. 나만의 진정한 욕망을 찾기 위해서는 끊임없는 노력과 성찰이 필요하다. 자신의 가치관과 목표를 확립하고 원하는 바를 추구하는 과정에서 우리는 자아를 성장시키며 의미 있는 삶을 만들어갈 수 있다.
　이렇게 타인과 자신의 욕망 사이에서 독창적인 조화를 이룬 경우를 미술사에서도 찾아볼 수 있다. 피카소는 1907년 파리에서 열린 아프리카 마스크 전시회에서 강렬한 영감을 받았다. 그의 대표작 〈아비뇽의 아가씨들〉(1907)은 아프리카 마스크의 영향을 뚜렷하게 드러내며, 입체주의의 시작을 알리는 중요한 작품으로 평가된다. 강렬한 색채, 입체적 형태, 추상적 표현은 기존의 예술적 관습을 완전히 뒤엎고 새로운 시대를 열었다. 이 작품은 피카소의 예술적 변화와 새로운 시대의 시작을 상징한다.

르누아르는 이탈리아 여행에서 고전주의 양식에 매료되었다. 그는 인상주의의 기본을 유지하면서도 인물 형태의 명확성과 구성의 안정성을 추구했다. 고전주의의 균형 잡힌 형태에 인상주의의 감각을 불어넣어 르누아르만의 독자적 스타일을 구축했다. 그의 작품은 삶의 아름다움과 즐거움을 따뜻하고 화려한 색채로 표현하여 긍정적인 에너지를 전달한다.

반 고흐의 걸작으로 평가받는 〈감자 먹는 사람들〉(1885)은 밀레의 동명 작품에서 영감을 얻었다. 하지만 반 고흐는 사실적인 묘사를 넘어 어두운 색채, 거친 붓터치, 왜곡, 과장된 표현으로 사실주의와 표현주의를 결합했다. 그는 빈곤과 고통 속에서도 희망을 잃지 않는 사람들의 삶을 강렬하고 감동적으로 그려내 깊은 여운을 남겼다. 이 작품은 반 고흐의 독창적인 스타일과 예술적 성장을 보여주는 대표적인 작품이다.

이처럼 우리는 함께 살아가는 환경 속에서 서로 영향을 주고받을 수밖에 없다. 중요한 것은 그 영향을 자신만의 시각으로 재해석하여 창의적인 변화를 이끌어내는 것이다. 세상은 다양한 타인의 욕망으로 가득하며, 우리는 그 영향권 안에서 살아간다. 타인의 영향은 피할 수 없지만, 그것을 있는 그대로 받아들이기보다는 영감을 얻되 결국에는 나만의 독특한 정체성과 가치관을 만들어가야 한다.

오늘 나의 삶을 돌아본다. 무엇이 좋은지, 어디에 마음이 기울어지는지, 무엇을 바라볼 때 행복한지 생각해 본다. 이렇게 자신의 내면을 들여다보고 진정으로 원하는 것이 무엇인지 찾아가는 과정 속에서 우리는 점차 우리 본연의 모습을 발견하게 된다. 자신의 소리에 귀 기울이며 마음이 이끄는 방향으로 나아간다면 언젠가 깊은 고민과 노력이 깃든 자신의 길을 만들어갈 수 있을 것이다.

튤립
인간관계에서 어쩔 수 없음을 받아들이는 법

　부드러운 봄바람에 흔들리는 튤립은 봄을 대표하는 꽃으로 3월에서 5월까지 개화 시기에는 전국에서 튤립 축제가 열린다. 종 모양의 꽃은 위쪽을 향해 피며 빨간색, 분홍색, 노란색, 주황색, 흰색, 보라색 등 다채로운 색감을 자랑한다. 국산 튤립은 겨울부터 이른 봄까지, 수입 튤립은 연중 꽃 시장에서 만날 수 있다. 홑튤립, 겹튤립, 프린지튤립, 별튤립, 패럿튤립 등 품종도 다양해 매력적이다.

　튤립의 원산지는 중앙아시아와 튀르키예 지역이다. 16세기 네덜란드에 정착한 후 17세기에는 그 희소성과 높은 경제적 가치로 인해 '황금의 꽃'이라 불리며 튤립 버블을 일으킬 정도로 큰 인기를 얻었다. 이후 수 세기 동안 많은 화가에게 영감을 주어 다양한 작품에 등장하기도 했고, 지금까지도 튤립은 전 세계적으로 사랑받는 꽃이다.

　아름다운 줄기 라인으로 자유로운 디자인이 가능한 튤립은 꽃다발, 꽃바구니, 센터피스, 부케 등에 다양하게 활용된다. 튤립을 활용한 부케로는 오롯이 튤립으로만 만드는 튤립 부케, 튤립과 카라를 활용한 튤립·카라 부케, 튤립과 여러 종류의 꽃을 섞어 디자인하는 믹스 부케 등이 있다. 특히 튤립은 특유의 유연하고 부드러운 줄기 덕분에 와이어링 없이 손의 온기만으로도 자연스럽게 휘어지는 특성을 가져 암 부케, 티어드롭 부케, 캐스케이드, 워터폴 부케 등 다양한 디자인 부

리플렉싱 기법으로
꽃잎을 펼친 아이스퀸 튤립

케 연출에 적합하다.

튤립은 종 모양으로 화려하게 피어나는 꽃송이가 매력적이지만, 디자인을 위해 꽃잎을 바깥쪽으로 조심스럽게 펼치는 '리플렉싱 기법'이 사용되기도 한다. 이 기법은 꽃을 더욱 풍성하고 화려하게 보이게 한다.

튤립은 홀로 있어도 아름답고 다른 꽃과 함께 두어도 잘 어울리는 매력적인 꽃이다. 하지만 고양이에게는 위험할 수 있다는 점을 유의해야 한다. 튤립에는 튤리팔린과 옥살산 칼륨 등 독성 성분이 포함되어 있어, 고양이가 섭취하면 구토, 설사, 심각한 경우 신부전까지 유발할 수 있다. 백합, 아마릴리스, 수선화, 히아신스 등의 꽃들도 마찬가지다. 많은 사람에게 아름다움과 행복을 주는 꽃이 어떤 동물에게는 위험할 수 있다.

  사람과의 관계에 미숙해 상처를 주고 받았던 20대가 지나고 서른이 되면서, 가급적 모든 관계에서 상처를 주거나 받지 않기 위해 노력했다. 웬만하면 모든 이와 어울리려 하고, 타인의 마음을 아프게 하는 말을 하지 않으려 했다. 나와 맞지 않는 사람들과도 어울리고, 나로서는 이해가 가지 않는 언어도 이해하려 했다.

  하지만 시간이 지나며 깨달았다. 내가 누군가에게 어떤 행동을 하지 않더라도, 존재 그 자체만으로도 불편함을 줄 수 있다는 것을. 마음의 상함을 주고 받는 것은 피할 수 없는 현실이라는 것을. 그렇기에 누구에게도 상처 주지 않고 미움받지 않는 것 자체가 불가능하다는 것을 받아들여야 한다. 하지만 이 말은 어차피 상처를 주고받을 것이니 이기적으로 행동하라는 뜻이 아니다. 상대를 배려하고 이해하려 노력해야 하되, 그럼에도 돌아오는 불편한 감정은 어쩔 수 없다는 말이다.

  인간관계는 오묘하고 어렵다. 저마다 삶의 역사가 다르기에 오해와 편견에 사로잡히기 쉽다. 나에겐 상처가 아닌 말이 다른 이에겐 상처가 되고, 그들의 가벼운 말이 나에겐 마음의 상흔이 될 수 있다. 이런 경험이 쌓여 불편하거나 만나고 싶지 않은 관계가 되기도 한다. 어쩔 수 없는 일이다. 모든 사람이 똑같은 삶을 살 수는 없다. 사람들의 이야기를 들어보면 관계에서 상처받고 자기 연민에 사로잡히는 경우들이 있는 것 같다. 하지만 나의 언어와 존재 또한 누군가에게 마음의 고통이 될 수 있음을 받아들여야 한다. 인간관계에서 상처는 피할 수 없는 현실인 것이다.

  모든 이에게 사랑받을 수 없다는 것을 인정하는 순간, 나를 자책할 필요도 없고 주변을 의식해 내 모습을 감추며 살 이유도 없어진다. 상처 주지 않으려 했음에도 쌓인 오해와 편견은 어쩔 수 없다는 것을 받아들이고, 나의 언어와 삶으로 서로에게 힘이 되는 이들과 더불어 살아가면 된다. 튤립이 누군가에게는 해로운 꽃이지만 또 많은 이들에게 기쁨을 주는 꽃이기도 한 것처럼.

류코코리네
슬픔과 아름다움 사이에서

파란 하늘 아래 반짝이며 부드럽게 물결치는 류코코리네는 남미 칠레와 아르헨티나 안데스 산맥 고지대가 원산지인 식물이다. 3월부터 5월까지 봄에 꽃을 피우고 종 모양의 6개의 꽃잎은 흰색, 분홍색, 파란색, 보라색 등 다양한 색상을 띠며, '따뜻한 마음'이라는 꽃말을 가지고 있다. 류코코리네의 달콤한 향기와 다채로운 색상은 따뜻한 봄기운을 느끼게 하고, 가는 줄기와 얇고 섬세한 꽃잎은 작품의 선을 살려 포인트를 줄 때 사용하기에 좋다.

류코코리네 꽃에는 슬픈 전설이 있는데, 사랑하는 잉카 전사를 잃고 슬픔에 잠긴 연인의 눈물이 땅에 떨어져 꽃으로 피어났다는 이야기이다. 이처럼 류코코리네는 아름다움과 슬픔이 공존하는 꽃이다. 우리의 마음에도 류코코리네처럼 희망과 절망이 공존한다. 어느 날은 무엇이든 할 수 있을 것 같은 희망으로 가득 차지만, 또 어느 날에는 절망에 빠져 무너져 내린다. 오늘은 용기를 내보지만 내일이면 다시 작아지기를 반복한다. 세상이 낡아가듯 나의 마음도 낡아간다.

어릴 때는 나의 삶만 바라보면 되었지만, 어른이 되면서 다른 사람들의 삶과 연결되고 얽혀 감당해야 할 것들이 많아지면서 삶의 어려움을 느끼게 됐다. 눈물이 진주가 된다면 나에게도 수많은 진주가 있었을 것이다. 가끔은 아무 말도 하고 싶지 않고 그저 버텨내야 하는 날도 있다. 삶에 하나의 사건이 발생하면 그에 대해 깊이 고민하게 되지만, 때로는 너무 많은 생각 자체가 문제를 만들어내는 것 같기도 하다. 그럴 때는 나에게 매몰되어 있는 감정에서 한 발짝 물러나 전지적 시점에서 나를 바라보려 노력한다. 마치 드라마의 관객이 되어 주인공인 나의 삶을 지켜보는 것처럼 말이다. 드라마가 시작된다. 주인공이 여러 사건을 겪는다. 주인공에게 지금쯤 고통과 역경이 찾아오는구나, 주인공은 이 과정을 어떻게 극복해 갈까. 그 과정을 담담하게 지켜본다. 이야기의 긴장감이 높아지면 주인공에게 절박한 상황이 오고 극의 절정에 이르렀다가 결말을 맞는다. 그 주인공은 바로 나 자신이고, 나는 그 모든 과정 속에 있다. 언젠가 이 위기와 절망의 시간도 지나갈 것이다.

류코코리네

꽃은 참 아름답다. 내가 꽃을 좋아하는 이유는 삶 그 자체에 꽃을 투영해볼 수 있기 때문이다. 삶은 아름답지만 동시에 슬프기도 하다. 그런데 그 슬픔에 잠겨 슬픔이 되어 버리기보다는, 흩날리는 꽃잎을 바라보며 하나의 꽃이 되고 싶었다.

어느 날 꿈을 꾸었다. 꿈속에서 나는 고요한 숲속의 꽃이 되어 소리 없이 살아갔다. 어김없이 찾아오는 밤이면 반짝이는 달빛을 바라보고, 아침이면 따스한 햇살 아래 꽃잎을 펼치며 온몸으로 햇살을 맞이했다. 바람이 불 때면 향기를 내뿜고, 비가 올 때면 물방울을 맺으며 자연의 흐름에 몸을 맡겼다. 그리고 가장 아름다운 순간에 사라졌다. 평화로웠다. 꽃으로 모든 계절을 살다가 꿈에서 깨어났다. 오랜만에 단잠을 잤고 그날은 아침 햇살이 유독 눈부셨다. 평화로운 꽃의 삶을 살아 보니 마음이 한결 가벼워지는 것 같았다.

흩날리는 꽃잎은 자유롭고 아름답다. 꽃과 같이 당당하고 아름답게, 내가 지나온 계절을 모두 받아들이며 살아가기를. 그리고 언젠가는 꽃씨가 되어 새로운 꽃으로 피어날 것이다.

마가렛
마가렛 같은 할머니가 되고 싶어

'소녀 같은 할머니가 되고 싶어.'

어쩌면 나의 오랜 바람일지도 모른다. 나이가 들어도 소녀 같은 눈망울과 모습을 간직한 귀여운 할머니라니. 소녀 하면 떠오르는 꽃이 있는데 바로 마가렛이다. 영화나 소설에서 꽃잎을 하나씩 따면서 사랑의 점을 치는 꽃으로 자주 등장하며 '진실한 사랑, 순수, 첫사랑의 마음'이라는 꽃말을 가진 마가렛은 소녀의 순수함과 풋풋함을 상징하는 꽃이다. 꽃 작품에 마가렛을 사용하면 밝고 화사한 분위기가 더해지면서 생동감이 넘치고, 마치 소녀의 맑은 웃음소리가 작품 전체를 밝게 비추는 듯한 효과를 연출할 수 있다.

마가렛과 흡사한 외형을 지닌 매력적인 꽃들이 있다. 국화과에 속하는 마트리카리아, 샤스타데이지, 구절초가 그런 꽃들인데, 모두 하얀 꽃잎과 노란색 중심부를 가지고 있어 마치 '계란프라이'를 연상시킨다. 서로 다른 계절에 피어나는 이 꽃들은 외형적으로 유사성을 가지고 있으면서도 각자 고유한 특성과 아름다움을 지니고 있다.

마가렛은 밝고 화사한 분위기를 가진 꽃으로, 봄에서 여름 사이에 개화하며 정원이나 화단에서 흔히 볼 수 있다. 작고 소박한 모양새가 야생화 느낌을 주어 자연스러운 분위기 연출에 적합하다. 마트리카리아는 봄에서 가을 사이에 만나볼 수 있으며 마가렛과 달리 한 줄기에 수많은 작은 꽃송이가 풍성하게 모여 들꽃 느낌을 준다. 강한 향기가 특징이며, 허브차나 에센셜 오일로도 많이 사용된다. 샤스타데이지는 여름에 꽃을 피우며 이 중에서 가장 꽃모양이 큰 품종으로, 순수하고 희망찬 분위기를 연출한다. 아기 돌상이나 아이들을 위한 꽃다발에 잘 어울리는 꽃이며, 절화로도 인기가 많다. 구절초는 한국의 자생 식물로 가을 정취를 한껏 더해주는 꽃이다. 다른 꽃들에 비해 꽃잎이 조금 더 가늘고 길며, 연한 분홍빛을 띄기도 한다. 한방에서는 약으로도 사용되어 왔다.

 이 꽃들은 색이 선명하거나 한 송이만으로 큰 인상을 줄 수 있는 꽃은 아니지만, 난 이렇게 들꽃같이 귀여운 꽃을 좋아한다. 그것이 우리의 일상과 닮아있기 때문이다. 일 년 중 기억될 만한 특별한 날은 몇 번 없고, 대부분의 일상은 잔잔하고 비슷비슷하게 이어진다. 하지만 평범한 날에도 마음의 방향에 따라 특별한 빛으로 다가오는 순간이 있다. 맑은 하늘, 선선한 바람, 따뜻한 햇볕, 살랑 부는 바람에 흔들리는 꽃, 향기로운 커피, 가벼운 출근길, 강물에 반짝이는 윤슬, 그리고 나의 사람들과 함께하는 시간 같은 것들 말이다. 나른한 햇살 아래 그대로 스며들어도 좋다고 생각한 날, 평범하지만 평범하지 않은 보통날. 어쩌면 이것만으로도 우리 삶은 충만해질 수 있다는 생각이 든다. 나에게 주어지지 않은 것을 바라보느라 놓치고 있었던, 내 곁에서 나를 지탱해 주는 사소한 시간들이 있었음을 깨닫게 된다.

 마가렛은 우리 일상의 시간들과 닮아있어 어떤 계절에도 잘 어울리는 꽃이다. 사실 사소한 것은 결코 사소하지만은 않다. 마가렛처럼 소박하지만 빛나는 존재를 통해 우리는 보통날의 아름다움을 발견할 수 있다. 난 할머니가 되면 무엇을 하고 있을까? 잠깐 눈을 감고 상상해본다. 귀여운 원피스를 입고 안경을 쓰고, 따뜻한 커피 한 잔으로 하루를 시작한다. 가벼운 스트레칭을 한 후, 꽃꽂이를 하며 시간을 보낸다. 나의 손길이 닿은 공간에서 책을 보고 일기도 쓰면서 여전히 마음속으로 소소한 꿈을 꾸는 사람, 햇살 담은 하얀 꽃잎에 희망을 품은 마가렛 같은 할머니가 되고 싶다.

마가렛

라일락
예민한 사람이 세상을 살아가기 위하여

　라일락 꽃향기가 코끝을 스치면 어느새 신나는 콧노래가 흥얼거려진다. 벚꽃이 지고 나면 어김없이 라일락이 화사한 자태를 드러내며 거리를 향긋한 향기로 가득 채운다. 라일락은 꽃잎보다 아름다운 향기로 먼저 자신의 존재를 뽐내는 꽃이다. 라일락은 4월부터 5월까지 만개하며 보라색, 흰색, 분홍색 등의 다양한 색상으로 봄을 더욱 화려하게 꾸며준다. 유럽 남동부 발칸반도가 원산지인 이 꽃은 스트레스 해소에 도움을 준다고 알려져 있다. 식용으로도 쓰이고, 향수와 캔들 제조에도 사용된다.

　나는 라일락의 은은한 향기가 좋다. 자연에서 풍기는 꽃향기는 마음에 평안함을 주지만, 인공 향료가 강하게 들어간 디퓨저나 향수 등의 경우는 오히려 불편해 피하게 된다. 사실 나는 향기뿐만이 아니라 전반적으로 예민한 성격인 것 같다.

　사람들이 가진 예민함에는 크게 빛, 소음, 냄새, 질감 같은 감각의 예민함과 타인의 감정이나 행동에 민감하게 반응하는 사회적 상호작용의 예민함, 이렇게 두 가지 측면이 있다. 그리고 나는 이 두 가지 예민함을 부분적으로 모두 가지고 있다. 감각적인 예민함의 예로, 대학 시절 정보처리기사 시험을 보러 시험장에 간 적이 있다. 자리에 앉아서 시험을 기다리는데, 스피커에서 묘한 기계음이 계속 들려왔다. 그 소리에 시험을 시작도 하기 전에 식은땀이 나기 시작했다. 주변 사람들은 모두 편안해 보였지만 나만 스피커의 지지직거리는 소음에 고통스러워하고 있었다. 결국 시험 시간이 끝나기도 전에 답안지를 제출하고 자리를 급히 피해 버렸다. 집으로 돌아오는 버스 안에서는 어지럼증을 느껴 두통약을 먹었고, 집에 와서는 모든 에너지가 다 소진된 듯한 극심한 피로감에 휩싸여 곧바로 누워 버렸다. 다행히 기사 시험은 합격했지만, 지금도 돌이켜보면 선명하게 떠오르는 힘든 기억이다. 사회적 상호작용에서는, 편안하지 않은 사람과의 관계에서 피곤함을 자주 느낀다. 사람들의 감정이나 반응을 신경 쓰는 편이라 무의식적으로 몸과 마음에 긴장을 하게 된다. 일상생활에서 역시 사소한 일 하나에도 걱정을 많이 하고 스트레스에 취약한 편이다. 그래서 집으로 돌아오면 온몸의 기운이 소진되는 느낌이 들고, 이런 성격 탓에 하고 싶은 많은 일들을 하지 못하는 것 같아 답답할 때가 있다.

라일락

하지만 예민함이 무조건 나쁜 것만은 아니다. 예민한 사람은 주변 사람들의 감정을 잘 포착하고 공감할 수 있으며, 예술적 감각과 창의성이 풍부한 경우가 많다. 또한 깊이 있게 생각하며, 자신에게 주어진 일에 최선을 다하고 성실하고 책임감이 있는 경향이 있다. 그럼에도 불구하고 사회에서는 예민한 사람이 더 살아가기 어려운 것이 사실이다. 똑같은 상황에서도 보통 사람들에 비해 감각적으로나 인간관계에 있어서나 더 많은 불편함을 느끼기 때문이다.

그러면 예민함을 장착한 나는 어떻게 살아가야 할까. 우선 세상의 모든 부분에는 장점과 단점이 있다고 생각하며 나 스스로를 인정하고 받아들인다. 긍정적인 마음을 가지려고 노력하며, 스트레스에 취약하다는 것을 알고 있기에 무리하게 일을 하지 않는다. 그리고 마음 관리와 스트레칭을 통해 무의식적으로 긴장된 몸과 마음을 이완한다. 또한 오롯이 내가 될 수 있는 안전지대 같은 사람이나 편안한 공간을 확보하여 에너지를 회복하는 시간을 갖는다. 나는 자연에 있을 때 편안함과 긍정적인 에너지를 많이 받기에 산책을 자주 한다. 나의 직업인 꽃을 다루는 일을 통해서 매일 자연을 마주하고 꽃향기를 맡으면서 내 안에 평화로운 작은 숲을 만들어간다.

한때는 예민하지 않고 타인과의 관계에 크게 영향받지 않는 강한 정신력을 가진 새로운 모습을 꿈꾼 적이 있다. 하지만 사람은 노력으로 어느 정도 변화할 수 있겠지만, 완전히 다른 사람이 되기는 어렵다. 그렇기에 자신의 약점과 강점을 모두 인정하고 받아들이며 살아가야 한다. 나를 있는 그대로 받아들이고 나니, 내가 만나는 꽃들의 아름다움을 더욱 깊이 있게 탐구할 수 있게 되었다. 머릿속에 떠오르고 흩어지는 수많은 생각과 느낌들을 글로 표현할 수 있게 되었다. 벚꽃이 지고 나면 라일락 향기를 기다리듯, 나에게는 사소하지만 분명한 세상의 아름다움을 찾는 능력이 있다고 오늘도 스스로 다독이며 하루를 시작한다.

양귀비
찬란한 순간의 아름다움

봄 햇살 아래 붉게 타오르는 양귀비 꽃밭은 그림 같이 아름답다. 양귀비는 5월과 6월에 볼 수 있는 봄꽃으로, 꽃 시장에서는 포피(Poppy)라는 영어 이름으로 더 많이 불리며 사랑받고 있다. 따스한 봄의 기운을 품고 피어나는 양귀비는 마치 봄의 찬란함을 온몸으로 표현하는 것 같다.

양귀비의 꽃잎은 종이처럼 얇고 부드러우며 흰색, 붉은색, 노란색, 살구색, 주황색 등 다양한 색의 꽃이 핀다. 보통 꽃봉오리 상태에서 판매되는데, 실온에 두고 며칠이 지나면 꽃봉오리가 부풀어 오르고 꽃받침이 조금씩 열리면서 그 사이로 꽃잎이 드러난다. 그때 비로소 양귀비의 색을 알 수 있다. 그 전까지는 주황색인지, 노란색인지, 흰색인지 알 길이 없다. 어떤 색으로 피어날지 알 수 없기에 설렘 속에서 개화를 기다린다. 아, 너는 이토록 예쁜 색이었구나. 기다림 끝에 만난 꽃잎은 빛처럼 더욱 반짝거린다.

양귀비의 구불거리는 줄기는 한 폭의 동양화를 닮았다. 섬세한 선은 자연의 운율을 담아내며 봄의 생기를 그대로 표현한다. 꽃잎이 펼쳐지면 중앙에 노란색 수술과 암술이 드러나며, 햇빛을 받으면서 활짝 피어 불꽃 같은 아름다움을 보여준다. 그러나 양귀비의 아름다움은 덧없다. 만개 후 2~3일이 지나면 꽃잎이 후드득 떨어지기에, 그 아름다움을 오랫동안 감상하기는 어렵다. 그럼에도 불구하고 꽃

양귀비

이 피는 시작부터 지는 마지막까지의 과정이 모두 그림이 되는, 가장 찬란한 순간에 지는 꽃이다.

   모든 꽃은 피고 진다. 짧은 순간이지만, 그 아름다움은 영원히 기억에 남는다. 어떤 사람들은 꽃의 덧없음을 아쉬워하지만, 나는 그 짧은 시간 속에 진정한 의미가 있다고 생각한다. 어쩌면 꽃의 시간은 우리의 삶을 압축해놓은 것이 아닐까? 꽃을 보면 우리의 인생을 보는 듯하다. 꽃의 인생. 씨앗에서 발아하여 싹을 틔우고, 줄기를 뻗고, 꽃봉오리를 터뜨리고, 아름다운 꽃을 피우다가 마지막 꽃잎이 떨어지고 시든다. 그 과정은 우리의 삶을 시작부터 끝까지 보여주는 것만 같다. 사람도 아기로 태어나, 어린 시절을 거쳐, 청춘을 누리고, 결국은 노년기를 맞이하며 저물어간다. 꽃처럼 우리에게도 주어진 시간은 유한하다. 비록 꽃이 피는 시간은 짧지만 꽃이 피기까지 견뎌낸 인내의 시간은 결코 가볍지 않고 그 과정도 의미가 없지 않다. 꽃이 피어나는 순간부터 낙하하는 순간까지, 꽃에게나 우리에게나 그 모든 순간은 삶의 소중한 시간이다. 양귀비는 비록 짧은 생을 살지만 그 불꽃 같은 아름다움은 영원히 우리 마음속에 남는 것처럼, 우리도 짧은 생애 동안 꽃처럼 아름답게 피고 저물어간다.

프리틸라리아
마음의 뿌리가 튼튼해지기를

　봄의 전령사라고 불리는 프리틸라리아는 4월부터 6월까지 다양한 종류의 꽃을 피우며 봄의 활기와 생명력을 상징한다. 약 150여 종이 있는데, 그중 프리틸라리아 임페리얼리스, 프리틸라리아 페르시카, 프리틸라리아 멜리그리스가 대표적이다.
　'프리틸라리아 임페리얼리스'는 화려하고 독특한 꽃 모양을 가지고 있으며 한 송이만으로도 특별한 인상을 준다. 종 모양의 꽃이 주홍색이나 노란색으로 피어나며, 왕관을 닮은 꽃 모양 때문에 '왕관초'라는 별명도 있다. 빅토리아 시대에는 위엄과 장엄함을 상징하는 꽃으로 여겨졌다. 또 다른 종류인 '프리틸라리아 페르시카'는 포도송이를 떠올리게 하는 꽃 모양을 가지고 있고, '프리틸라리아 멜리그리스'는 선이 곱고 아름다운 꽃 모양을 가지고 있다. 이처럼 봄의 활기를 전하는 프리틸라리아의 다채로운 색상과 독특한 꽃 모양은 계절의 변화를 담은 아름다운 꽃 장식에 포인트가 된다.
　'왕관의 무게를 견뎌라'라는 말이 있다. 이 말은 단순히 권력과 명예를 상징하는 것을 넘어, 그에 많은 책임과 의무가 따름을 의미한다. 최고의 위치에는 사람들을 이끌고 조직을 발전시키는 막중한 책임이 요구되기 때문이다. 예를 들어, 회사에서 높은 자리에 올라갈수록 많은 책임이 요구된다. 신입사원의 경우 주어진 일만

'왕관초'라는 별명이 있는
프리틸라리아 임페리얼리스

수행하면 되지만, 리더의 위치에서는 회사의 방향과 비전을 제시해야 한다. 전문적인 지식, 지혜로운 리더십, 팀원과의 소통, 고객 관리 능력, 문제 해결 능력 등 다양한 역량이 요구된다. 단순히 나무 하나를 보는 것이 아니라 숲 전체를 바라보는 시각이 필요한 것이다.

그런데 왕관의 무게는 권력자나 리더만이 감당하는 것은 아니다. 사실 우리 모두는 자신의 삶 속에서 각자의 왕관을 짊어지고 살아간다. 목표를 향한 끊임없는 노력, 꿈을 향한 열망, 그리고 예상치 못한 어려움과의 싸움 속에서 우리는 성장하고 발전한다. 하지만 어떤 사람은 유연하게 상황에 대처하여 순조롭게 성장하는 반면, 어떤 사람은 작은 파도에도 쉽게 무너져 다시 일어날 힘을 잃기도 한다.

인정하고 싶지 않지만 사람마다 자신의 그릇이 있다고 생각한다. 그릇이 큰 사람은 아무리 많은 시련이 닥쳐도 넉넉하게 감당해낼 수 있지만, 그릇이 작은 사람은 조금만 비가 내려도 그릇이 차서 감당하기 어려워지는 순간을 자주 만난다. 우리는 서로 다른 환경 속에서 각자의 방식으로 삶을 살아가고 있다. 누군가는 자신의 일상을 유지하는 것만으로도 벅차고, 어떤 이들은 누군가의 도움에 의존하며 살아간다. 또 누군가는 자신뿐만이 아니라 많은 사람들의 삶을 책임지며 살아간다. 심지어 자신의 모든 것을 희생해서 세상을 구하고 아낌없이 주는 나무 같은 삶을 살아가는 사람도 있다. 삶을 살아가는 우리의 모습이 다양하듯, 식물도 저마다 다르다. 예를 들어, 난초는 비교적 섬세하고 특정한 환경을 필요로 하는 식물로 환경 변화에 민감하고 취약한 편이다. 하지만 잡초는 척박한 환경에서도 잘 자랄 수 있는 강한 생존력을 지녔으며 환경 적응력이 뛰어나 제초제에도 잘 견디는 강한 내성을 가지고 있다. 이렇듯 다른 모습을 보이는 건 각자의 그릇이 다르기 때문이다.

사람도 태어날 때부터 성향과 기질에 따라 그릇이 결정되는 경우가 있다. 하지만 대부분은 열심히 갈고 닦는 과정 속에서 자신만의 그릇을 키워나간다. 마치 도자기가 불 속에서 빚어지듯, 우리는 좌절과 실패, 회복을 반복하며 더욱 크고 단단해진다. 평화로운 관계 속에서 편안하게 살다가 변화와 어려움을 직면하면 거센 파도처럼 느껴져 삶이 흔들릴 수 있다. 하지만 우리는 다양한 사람을 만나고 겪어나가는 과정에서 상처받기도 하지만, 동시에 성장하는 기회를 얻게 되기도 한다.

나 역시 작은 그릇을 가진 사람이다. 하고 싶은 일은 많지만, 체력이 약하고 예민한 성격을 타고나 생각이 많은 편이라 무언가를 시도하기 어려울 때가 있다. 자극을 피해 안전지대에만 머무르다 보면 영원히 이 공간에서 벗어나기 힘들어진다는 것을 안다. 평소 거의 걷지 않던 사람이 갑자기 등산을 하면 힘든 것처럼, 갑자기 큰 그릇을 가질 수는 없다. 그래서 다양한 시도를 통해 조금씩 나의 그릇을 키워나가고 있다.

작은 파도가 큰 파도처럼 느껴지지 않으려면 무엇보다 마음의 힘을 기르는 것이 중요하다. 시작이 두렵다고 걱정만 하기보다는 내가 감당할 수 있는 작은 시도부터 해나가며, 마음의 뿌리를 조금씩 내리고 나의 세계를 넓혀가야 한다. 가장 먼저 나라는 사람의 타고난 기질을 받아들이고 일상의 루틴을 유지하며, 마음의 소리에 귀 기울이고 현재에 집중한다. 이는 짧은 시간에 이루어지는 것이 아니라 꾸준한 노력과 시간이 필요한 어려운 일이다.

긴장을 하고 있으면 잘 할 수 있는 것도 못 하게 된다. 힘을 빼는 것만으로도 오히려 강해질 수 있다. 진인사대천명(盡人事待天命), 사람은 할 수 있는 것을 하고 나머지는 하늘에 맡긴다. 내가 좋아하는 말이다. 미래는 내가 통제할 수 없으니, 할 수 있는 것에 집중해야 한다. 꽉 움켜쥔 손은 아프다. 조금 힘을 빼고, 나에게 주어진 삶의 무게를 감당하며 걸어간다. 언젠가는 마음의 뿌리가 튼튼해질 수 있기를 바라며.

아네모네
좋아서 하는 일

아네모네는 존재 자체만으로도 화려한 꽃이다. 주로 봄에 피는 꽃이며 보라색, 흰색, 빨간색, 분홍색 등 다양한 색감을 가지고 있다. 이름은 바람을 뜻하는 그리스어 'Anemos'에서 비롯되었으며, 고대 그리스 신화에서 아프로디테 여신이 사랑한 아도니스의 피에서 생겨난 꽃이라고 전해진다. 꽃말은 '속절없는 사랑', '사랑의 배신', '덧없는 사랑', '사랑의 괴로움' 등이 있다. 꽃말 때문일까. 아네모네의 꽃가루가 흩날리는 모습은 마치 커다란 눈망울에서 눈물이 떨어지는 것처럼 보이기도 한다.

절화로서 아네모네는 관리가 다소 까다로운 꽃이다. 처음 꽃봉오리로 구입하면 개화를 위해 실온에 두어야 하지만, 실내 온도 변화에 따라 꽃이 피자마자 꽃잎이 뒤집어질 수 있으므로 온도 조절에 주의해야 한다. 온도가 낮아지면 꽃잎이 오므라들고, 온도가 높아지면 금방 꽃잎이 뒤집어진다. 또한 줄기가 텅 비어있어 약하고 물속에 담가두면 줄기 끝이 잘 갈라지기 때문에 꽃으로 작품을 만들 때 어려움이 있을 수 있다. 하지만 아네모네는 그 자체만으로도 화려하면서 강렬한 매력을 지닌 꽃이다.

꽃 수업을 할 때 매번 다양한 주제를 다루며 디자인 클래스를 진행해왔다. 그중에 명화 클래스는 모네, 르누아르, 반 고흐, 피카소 등의 작품에서 영감을 받아

아네모네

꽃을 디자인하는 수업으로 학생들에게 많은 관심을 받았다. 모든 예술은 서로 연결되어 있으며 서로 영향을 주고받는다. 많은 화가들이 꽃을 보며 그림을 그렸듯이, 나는 그림을 보며 꽃을 그려보고 싶었다. 무엇보다 이 수업을 통해 학생들이 즐거운 시간을 보내고 마음껏 창의력을 발휘할 수 있기를 바랐다. 아네모네는 정물화 작품에 자주 등장하는 꽃으로 모네, 반 고흐, 르누아르 등 유명한 화가들이 그림에 담았다.

  수많은 아네모네 정물화 그림이 있지만 나에게는 르누아르의 아네모네 작품이 가장 인상 깊다. 르누아르는 '그림이란 즐겁고 유쾌하며 예쁜 것이어야 한다'라는 가치관을 가지고 당시 가장 선명하고 화려한 색채를 표현하여 '색채 화가'라는 별명을 얻었다. '인생 자체가 우울한데 그림이라도 밝아야지'라는 긍정적인 생각으로 그는 행복하고 즐거운 시간을 보내는 여성과 아이의 모습을 자주 그렸다.

르누아르의 팔레트에는 항상 알록달록한 색들이 가득했다. 그는 죽는 순간까지도 인생의 아름다움을 캔버스에 담아내기 위해 노력했다. 심지어 관절염으로 붓을 잡을 수 없게 된 상황에서도 마비된 손에 붓을 묶어 온몸으로 그림을 그렸다. 고통스러운 노력에 대한 질문에 그는 "고통은 사라지지만 아름다움은 남기 때문"이라고 대답했다. 그는 그림을 통해 많은 사람들이 더 큰 즐거움과 행복을 느끼길 바랐을 것이다. 죽기 전에도 좋아하는 그림을 그리며 행복과 기쁨을 전했던 르누아르의 마음을 상상해본다.

꿈이란 무엇일까. 꿈은 직업이 아니다. 꿈은 단순한 열망이나 목표를 넘어, 우리 내면의 깊은 소망이자 삶의 원동력이 된다. 꿈은 우리를 매 순간 생생하게 살아있다고 느끼게 만들고, 에너지를 더해 삶을 풍요롭고 의미있게 만들어준다. 하지만 꿈은 열정만으로는 실현되기 어렵다. 단조롭고 반복적인 노력과 성실한 시간들이 차곡차곡 쌓여 꿈을 현실로 이루어간다고 생각한다. 르누아르는 주변의 비평에도 불구하고 자신만의 철학으로 세상에 아름다움을 전했다. 그는 꿈을 꾸고 꿈을 이루면서 살아갔으며, 그림으로 메시지를 남겼다.

누구나 마음속 깊이 간직한 꿈이 있다. 어떤 이는 꿈을 이루고, 어떤 이는 꿈에 상처받아 포기하기도 하고, 어떤 이는 일상을 유지하느라 꿈을 잊고 살아가기도 한다. 서로 다른 시작과 과정, 그리고 결과가 존재한다. 나이가 들어 자신을 돌아볼 여유가 생겼을 때, 뒤늦게 마음에 간직했던 공부를 시작하는 할머니를 보았다. 일흔의 나이에 배움을 위해 버스를 타고 왕복 몇 시간씩 걸려 학교를 다녀도 지치지 않고 눈빛이 반짝거렸다. 할아버지가 되고 처음 붓을 들어 그림을 그리는 사람도 만났다. 어린 시절 화가의 꿈을 가졌지만 생계를 위해 일을 하느라 이루지 못했다. 퇴직 후 문화센터에서 그림을 그리기 시작하며 그의 입가엔 미소가 가득했다. 내가 자주 가는 카페에는 노년에 커피와 빵을 배우고 카페에서 열심히 일하는 어르신들이 계신다. 아빠는 퇴직하고 좋아하는 사람들을 집에 초대해 요리하고 대접하며 지내시는데, 요리를 할 때 가장 행복해 보이신다.

  좋아서 하는 일은 그 자체만으로도 사람에게 활력을 준다. 하루하루의 일상이 모여 나의 인생이 된다. 지금이라도 내가 마음에 품은 일을 해보자. 당장 내가 가진 것과 나에게 주어진 책임을 내려놓고 시작하라는 말은 아니다. 하루 중 나를 위한 작은 시간을 확보해서 시작해 보자. 아직 늦지 않았다. 아무것도 하지 않으면 아무 일도 일어나지 않는다. 꿈이 꼭 이루어지지 않아도 꿈을 꾸는 과정 속에서 우리는 생각지 못한 기쁨을 얻을 수 있다. 인생은 짧으니 후회 없는 삶을 살아야 한다. 너무 늦으면 소중한 순간을 놓칠 수도 있으니까.

작약
지금 이 순간

　따뜻한 바람이 불어오면 봄의 마지막을 장식하는 꽃, 작약이 떠오른다. '꽃의 여왕'이라는 별칭처럼 크고 화려한 꽃잎을 가진 작약은 '수줍음'이란 꽃말을 지니고 있어 봄 신부를 위한 부케로 인기가 높다.

　꽃 시장에서는 4월부터 볼 수 있는데, 국산 작약은 봄에만 즐길 수 있는 특별한 꽃이다. 겨울에 수입되는 작약은 희소하고 가격이 비싼 편이라 따뜻한 봄이 오면 국산 작약을 찾게 된다. 4월 초에는 가격이 다소 높지만, 6월이 되면 가격대가 저렴하게 형성된다. 작약은 흰색, 분홍색, 빨간색, 코랄색 등 다양한 색상이 있고, 홑작약과 겹작약으로 나뉘며, 모란과 비슷한 외모를 가지고 있다. 오랜 역사 속에서 여성 건강을 위한 약재로 사용되어 왔으며, 뿌리는 한방 재료로도 활용된다.

　꽃 시장에 작약이 등장하면 완연한 봄임을 알게 된다. 나의 작품에도 작약의 화려한 색감으로 봄의 낭만을 담아낸다. 꽃 수업을 하면 작약을 처음 보는 학생도 있고 결혼식 때 작약 부케를 들었던 추억을 떠올리는 학생도 있는데, 작약이 작품에 들어가면 금세 화사하고 풍성해져 봄의 생기를 느낄 수 있다.

　하지만 이토록 많은 사랑을 받았던 작약도 여름부터는 조용히 자취를 감춘다. 꽃 시장에서 여전히 판매되기는 하지만, 봄의 여왕이라는 별칭답게 제철을 지나면 꽃잎이 약해지고 사람들의 관심도 줄어들면서 점차 사라진다. 작약을 보려면

코랄 작약

 또 일년을 기다려야 한다. 항상 볼 수 있을 것 같던 꽃도 계절이 지나면 자취를 감추고 볼 수 없게 된다. 봄의 벚꽃, 목련, 작약은 여름의 햇살 아래 잊히고 백일홍, 해바라기가 그 자리를 채운다. 가을이 되면 또 다른 꽃들이 피어나며 지난 계절의 아름다움을 그리워하게 한다.

 꽃은 매년 다시 피지만 새로 핀 꽃이 우리가 오늘 만난 꽃과 같다고 할 수 있을까? 우리의 인생도 마찬가지다. 우리는 현재의 순간이 영원히 지속될 것처럼 당연하게 여기며 살아간다. 오늘 만난 사람들의 모습이 마지막일 수 있고, 그들이 하는 말이 유언이 될 수도 있다는 생각은 하지 않는다. 우리의 인생은 당장 내일도 예상할 수가 없는데, 왜 영원히 살 것처럼 생각하는 걸까. 오늘이 마지막일 수 있음을 생각한다면, 사랑하는 이들에게 따뜻한 말을 건네고 소중한 것들을 가까이에 두며, 햇살 같은 표정과 미소로 이 순간을 살아갈 것이다. 중요하지 않은 일에 신경 쓰느라 마음을 낭비하지 않고, 꽃처럼 아름다운 말로 시간을 가꿀 것이다. 작약이 꽃이 지는 여름을 걱정하지 않고 봄에 활짝 피어나듯, 우리도 지금 이 순간을 집중해서 살아갈 수 있다면 좋을 텐데. 내가 살아가는 오늘이 다시 돌이킬 수 없는 과거가 된다는 진리를 자꾸 잊고 산다.

   그러니까 사실, 오늘은 내가 후회하는 반성의 시간이었다.

장미
길들인 모든 것들에 대한 책임

매년 5월이 되면, 꽃들의 여왕이라 불리는 장미가 전국을 화려하게 물들인다. 장미는 3만 종 이상의 품종을 자랑하며, 새로운 품종 개발도 끊임없이 이루어지고 있어 전 세계적으로 사랑받는 꽃이다. 5월부터 9월까지 다양한 색의 장미들이 피어나고, 꽃 시장에서도 큰 비중을 차지하여 사계절 내내 만날 수 있다. 색감과 꽃의 형태, 향기가 다양한 장미는 그 자체만으로도 완성된 아름다움을 지니고 있다. 계절과 품종, 관리 방법에 따라 다르지만 절화로는 보통 실온에서 5~7일 정도 관상할 수 있다. 새하얀 '웨딩드레스 장미', 우아한 '줄리아 장미', 커피가 생각나는 '카페라떼 장미', 정원을 수놓는 '아프리코트 장미' 등이 내가 좋아하는 품종이다.

장미 하면 떠오르는 이야기가 있다. 바로 〈어린 왕자〉이다. 어린 왕자에게 장미는 세상에 단 하나뿐인 존재였다. 그는 장미의 아름다움에 매료되어 사랑에 빠진다. 장미는 그의 작은 별에 유일하고 특별한 존재이며, 그는 장미를 위해 헌신적으로 노력한다. 하지만 장미는 교만하고 변덕스러운 성격으로 어린 왕자를 힘들게 한다. 상처를 받은 어린 왕자는 별을 떠나 새로운 곳에 가게 된다. 그곳에서 여우를 만나 '길들이다'라는 개념을 배우며, 자신이 장미를 보살펴 주었던 시간들이 장미를 특별하고 소중한 존재로 만들었다는 것을 깨닫는다. 새로운 세상을 경험

카페라떼 장미

하며 성장한 어린 왕자는 결국 자신의 별과 사랑하는 장미에게 돌아가기로 결심한다.

　세상에는 나보다 빛나고 아름답게 살아가는 이들이 많지만, 나는 그들의 삶을 대신 살고 싶지 않다. 화려하지는 않아도 나만의 소중한 삶의 역사가 있기 때문이다. 어릴 적부터 엄마와 함께 쌓아온 정겨운 추억과 사랑, 친구들과의 소중한 순간들, 언니와 함께 여행하며 쌓은 잊지 못할 에피소드들, 아이를 낳고 키우며 느꼈던 감격의 시간들. 물론 그 과정에서 오해와 편견으로 다투고 상처를 주고받기도 했으며 이불킥할 만큼 부끄럽고 지우고 싶을 만큼 후회되는 날들도 있었다. 하지만 그 순간이 아니었다면 앞으로 나아가지 못했을 이야기들이 있다. 비록 화려하지 않아도 나의 인생은 나만의 소중한 이야기로 가득하다. 아름답고 반짝이는 삶보다는 내 모습 그대로를 사랑하며 살아가고 싶다.

나의 일도 그러하다. 처음 꽃을 배우던 시절, 나는 상처받고 자존감이 낮아져 있던 사람이었지만, 꽃을 통해 마음을 보살피며 행복을 느꼈고 그 감정은 여전히 내 안에 살아있다. 나에게 꽃은 위로였다. 꽃에게 받은 위안에서 시작한 나의 꽃 작품에는 강한 개성이나 독특함은 없지만 따뜻함이 있다. 그 꽃을 통해 내가 전하고 싶은 메시지가 있다.

어린 왕자는 자신의 별에 돌아가서 어떻게 지냈을까. 책에는 그 이후의 이야기가 없지만, 나는 생각해 보곤 한다. 먼저 자신이 가장 사랑하는 장미를 만나러 갔을 것이다. 다른 별들을 여행하면서 겪었던 경험을 통해 장미를 책임지고 돌보며 자신의 별을 더 아름답고 행복한 곳으로 만들기 위해 노력했을 것이다. 그리고 그가 가진 것에 감사하며 행복하게 살았을 것이다.

우리는 누구나 자신만의 스토리가 있다. 그렇게 자신만이 알고 있는 특별한 시간이 있어 살아온 인생이 애틋하게 느껴진다. 힘들고 어려운 일들도 많이 있었지만, 우리는 그 과정을 통해 스스로를 길들이고 또 누군가에 의해 길들여지며 성장해왔다. 그리고 그 여정 속에서 자신만의 마음이 깃든 정원을 가꾸며 살아간다. 작고 소박할지라도 그 정원 한구석에는 반드시 행복한 꽃이 피어있을 것이다. 그 꽃을 보며 위로받고, 때로는 그 꽃을 피우기 위해 정성을 다한다. 그렇게 살아가다 보면 어느덧 아름다운 정원이 완성될 것이다.

클레마티스
계절의 순환

5월, 클레마티스는 화려한 보랏빛 꽃잎을 펼치며 봄의 끝을 알린다. 덩굴식물인 클레마티스는 지지대나 울타리를 타고 올라가며 잎자루가 구부러지면서 아름다운 곡선을 만들어낸다. 그리고 꽃봉오리는 긴 꽃줄기를 따라 차례차례 꽃을 피운다. 품종과 환경에 따라 다르지만 일반적으로 4월부터 6월까지 다양한 색상의 클레마티스를 만나볼 수 있다.

나는 초여름에 꽃 시장을 방문하면 국산 클레마티스의 아름다운 자태에 매료되곤 했다. 비록 절화로는 가격이 다소 높고 쉽게 시든다는 단점이 있지만, 그 매력적인 모습에 감탄하며 망설임 없이 구매하곤 했다. 단점을 감수하고도 매년 찾게 되는 꽃이다.

5년 전, 작은 클레마티스 화분을 작업실 뒤 화단에 심었는데 매년 잊지 않고 화사한 꽃을 피워 준다. 비가 오고 난 후에도 쉼 없이 계속 꽃을 피워 주니 그저 고마운 꽃이 아닐 수 없다. 클레마티스는 추운 겨울에도 잘 살아남기에, 매년 아름다운 꽃을 만날 수 있다.

이런 경험들이 쌓이면서 미래에 대한 작은 꿈도 생겼다. 언젠가 아파트를 벗어나 주택에 살게 된다면, 넓은 화단에 다양한 색상의 클레마티스를 심고 봄부터 가을까지 끊임없이 피어나는 정원을 만들고 싶다. 클레마티스는 꽃이 지고 난 자리

클레마티스 씨방

에 씨앗이 포함된 솜털같은 씨방이 생긴다. 이 씨방은 말린 후 가을 리스에 사용하면 보송보송한 질감이 따스함을 더해준다. 이렇게 클레마티스는 꽃이 질 때까지, 아니 그 이후에도 지속적으로 아름다움을 선사한다.

  사계절을 꽃과 함께 보내면 마음속에 꽃들의 아름다운 순간들이 쌓인다. 봄이 오면 꽃이 피고, 꽃이 피고 난 자리에 열매가 맺히고, 열매와 잎이 떨어지면 휴면 상태가 되어 긴 잠을 잔다. 그렇게 계절이 흐르고 삶은 흘러간다. 나는 지금 어느 계절에 서 있는 것일까. 지금이 겨울이라고 해도 긴 겨울이 지나면 언젠가 봄이 올 것을 안다. 그리고 그 사실에 늘 안도한다. 봄이 오면 다시 꽃이 피고, 여름에는 무수한 초록 잎이 돋아나는 것처럼, 나의 겨울도 지나갈 것이다. 그리고 다시 봄볕 같은 따스한 하루가 시작되겠지.

클레마티스의 꽃말 중 '마음의 아름다움'이 있다. 이처럼 마음속 아름다움의 흔적이 존재하기에, 모든 것이 반복되는 계절의 순환 속에서 다시 일어날 희망과 살아갈 소망을 얻는다. 지난날의 슬픈 기억도 언젠가 지나가고, 그 자리를 행복한 추억들이 채워나갈 것이다. 꽃이 다시 피어나듯 웃음꽃도 피어나고 새로운 희망의 씨앗도 맺히게 될 것이다. 이렇게 인생의 계절은 계속해서 순환하며, 그 과정 속에 우리는 서 있다.

2장
여름과 가을

"어느새 마음이 꽃의 색감으로 물들어 가는 시간"

니겔라
사랑이란 무엇인가

　니겔라는 6월부터 7월까지 개화하는 여름꽃으로, 독특한 아름다움을 지녔다. 꽃잎이 깃털처럼 갈라져 있으며 흰색, 파란색, 분홍색, 보라색 등 다양한 색상의 꽃을 피운다. 니겔라의 기하학적인 섬세함은 주변의 다른 꽃들과도 교향곡처럼 잘 어우러진다. 니겔라는 '안개 속의 사랑(Love-in-a-mist)'이라고도 불리는데, 이는 니겔라의 얇은 꽃잎 중앙에 씨앗이 모여있는 모습이 마치 안개 속에 사랑이 숨어있는 것 같다고 해서 붙여진 낭만적인 이름이다.

　사랑이란 무엇일까. 이는 인류가 끊임없이 탐구해온 주제이다. 수많은 작품이 사랑을 소재로 다룬다. 로미오와 줄리엣은 서로를 위해 죽음을 선택했다. 성경에서는 '네 이웃을 사랑하라', '믿음, 소망, 사랑 중 사랑이 제일이다'라고 했다. 사랑은 다양한 형태로 나타난다. 사랑은 이성애적인 관계뿐만 아니라 가족, 친구, 반려동물이나 식물과 꽃에 대한 사랑 등 다양한 대상을 향해 나타난다. 또한, 소중한 대상을 향한 헌신, 강렬한 열정과 설렘, 그리고 깊은 이해와 배려를 바탕으로 한 동반자적 사랑 등의 유형도 있다. 첫사랑은 특별하지만 상대방에 대한 배려와 경험 부족, 타이밍 문제 등으로 인해 이루어지지 않는 경우가 많다. 부모가 아이에게 주는 사랑은 무조건적인 사랑의 대표적인 예이다. 아이를 위해 자기의 욕구를 포기하고 끊임없이 보살피는 부모의 사랑은 아이와 깊은 유대감을 형성하고 아이에게 앞으로 살아갈 힘을 준다.

하지만 모든 사랑에는 빛과 그림자가 공존한다. 낭만과 행복뿐 아니라 갈등, 아픔, 고통도 있다. 니겔라는 이러한 사랑의 본질을 상징적으로 보여준다. 섬세한 꽃잎과 독특한 색채로 많은 이들의 사랑을 받는 아름다운 꽃이지만, 꽃이 지고 난 후에는 중앙에 뾰족한 가시가 달린 씨앗꼬투리가 형성되어 위협적인 모습으로 변한다. 이러한 니겔라의 변화는 사랑의 양면성을 은유한다. 사랑은 겉으로는 아름답고 매력적이지만, 그 안에는 고통과 상처가 숨겨져 있을 수 있다. 아름다운 꽃 뒤에 숨겨진 가시처럼, 사랑도 때로는 예상치 못한 아픔을 안겨줄 수 있다.

니겔라

사랑을 표현하는 방식이나 정도가 다르면 서로 갈등이 발생할 수 있다. 가까울수록 오히려 오해하기 쉽고, 질투와 소유욕은 사랑을 왜곡시킨다. 사랑하는 사람으로부터 받은 상처는 평생 갈 수 있으며, 새로운 사랑을 시작하기 두렵게 만들기도 한다. 흔히 사랑은 완벽하고 이상적인 감정으로 여겨지지만, 실제로는 많은 오해가 존재한다. 가장 큰 오해는 상대방을 있는 그대로 보지 않고 자신의 기준과 이상에 따라 바라보는 것에서부터 비롯된다. 이로 인해 서로에 대한 진정한 이해가 어려워지고, 시간이 지나면서 갈등과 실망으로 이어질 수 있다.

오래전 사랑을 하고 있다고 믿었던 시간이 있었다. 그러나 처음 느꼈던 설렘과 기쁨에 집중하느라 상대방을 있는 그대로 바라보지 못했다. 나는 사랑하는 감정 자체를 사랑했었다는 것을 뒤늦게 깨닫게 되었다. 설렘과 기쁨에만 집중하다 보니 상대방을 제대로 존중하고 배려하지 못했다. 진정한 사랑이라면 감정을 넘어 상대방을 향한 헌신과 노력이 있어야 했다. 하지만, 나는 이상화된 모습에만 사로잡혀 상대방의 본모습을 보지 못했다. 열정이 사라지고 나니 그동안 바라보지 않았던 서로의 다른 모습이 수면 위로 드러났다. 세상에서 가장 잘 맞았던 우리는 세상에서 가장 맞지 않는 우리가 되었다. 서로 맞지 않는 부분을 감내하기 어려워지면 사랑은 깨진다. 많은 사람들이 사랑한다고 말하지만, 정작 우리가 사랑하는 것은 무엇인가. 상대방 그 자체인가, 아니면 나의 신념과 이상을 투영한 모습인가. 혹시 보여지는 것들만 사랑하는 건 아닐까. 상대방의 아픔과 슬픔까지도 받아들이며 온전히 사랑할 수 있을까.

돌이켜보니 나는 스스로 온전히 행복하지 못했던 것 같다. 그래서 이상적인 사랑을 꿈꾸며 불완전한 나를 구원해 줄 누군가를 기다렸던 것 같다. 하지만 세상에 완벽한 사람은 존재하지 않으며, 모든 사람은 부족함과 상처를 가지고 살아가고 있다. 상대방을 이용해 나의 결핍을 채우려 한다면, 그 기대가 채워지지 않을 때 실망하게 될 것이다. 그러니 먼저 나 자신을 온전히 받아들여야 한다. 불안과 두려움을 극복하고 혼자여도 괜찮을 정도로 내면이 건강해져야 비로소 타인을 진정으로 사랑할 수 있다. 그래야 나에게서 벗어나 타인을 받아들이고, 그 사람의 불완전한 인생을 온전히 끌어안을 수 있다. 결핍과 결핍이 만나도 서로를 소중하게 아껴주고 이해하며 배려할 수 있다. 지금 나는 함께 있을 때 가장 나다워지고 편안한 사람을 만나 가정을 이루고 있다. 완벽하지 않은 두 사람이 만나 서로에게 안전하게 쉴 수 있는 존재가 되어주려 노력하고 있다.

Love-in-a-mist, 안개 속의 사랑처럼 사랑은 어렵고 모호하다. 너무나 다양한 모습을 하고 있기에 때로는 그동안 우리가 경험한 것이 진정한 사랑이었는지 의심이 든다. 사랑에 빠지는 것은 쉽지만, 그 관계를 유지하는 것은 두 사람의 끊임없는 노력과 책임감을 필요로 한다. 한 사람의 노력만으로는 한계가 있으므로, 두 사람 모두가 각자의 삶에서 독립적으로 안정감과 행복을 찾는 것이 중요하다. 상대방에게 의존하여 자신의 불안을 해소하려 하기보다는, 스스로 삶의 의미를 찾고 성장할 때 비로소 지속 가능한 사랑을 할 수 있다.

사랑은 언제나 행복만을 가져다주는 것이 아니다. 때론 아픔과 슬픔, 실망과 갈등을 경험하게 한다. 하지만 우리는 혼자 살아갈 수 없으며, 개인적인 시간도 필요하지만 동시에 누군가와 연결되기를 원한다. 사랑에는 분명 반짝이는 보석처럼 빛나는 힘이 있다. 우리는 사랑을 통해 서로에게 마음 둘 곳과 기댈 틈이 되어준다. 서로의 슬픔까지 사랑하다 보면, 삶은 나무가 자라고 꽃이 피어나면서 벌과 나비가 날아드는 낙원이 될 것이다.

안개나무
정의할 수 없는 정의

　푸른 하늘 아래 구름처럼 풍성한 안개나무는 5월부터 7월까지 만날 수 있다. 구름처럼 몽실몽실 피어난 꽃송이가 마치 동화 속 나무 같은 안개나무는 영어 이름 '스모크트리(Smoke tree, Smoke bush)'에서 알 수 있듯이 '연기나무'로도 불린다. 꽃이 지고 나면 꽃이 달렸던 줄기가 길게 자라나면서 솜사탕 같은 가는 털이 빽빽하게 생긴다. 이 털로 덮인 꽃줄기들이 모여서 생긴 모습은 멀리서 보면 연기나 안개처럼 보인다. 이것이 바로 안개나무가 가진 독특한 매력이다.

　나는 10년 전 꽃 시장에서 처음 안개나무를 보고 황홀한 기분에 사로잡혔다. 당시에는 안개나무가 희귀해서 소수 업체에서만 판매했고 가격도 높았기에, 나를 위한 선물로 하나만 사서 긴 화병에 꽂고 매일 아침 바라보았다. 그랬던 안개나무를 이제는 다양한 곳에서 구할 수 있어, 여름이 되면 종종 구입해 작품을 만든다. 꽃 자체는 작아 눈에 잘 띄지 않지만, 꽃이 지고 난 후 생기는 솜털은 풍성하고 아름답다. 다른 여름꽃들과 함께 배치하면 특별한 작품이 되며, 안개나무를 단독으로 말려 드라이플라워로 리스를 만들기도 한다. 몽환적 아름다움으로 계절을 수놓는 안개나무는 여름을 특별하게 만드는, 자연의 선물 같은 소중한 존재이다.

　안개나무의 독특한 모습은 구름 같기도 하고 연기 같기도 해서 알쏭달쏭하다. 작품에 장식하면 신비로운 분위기를 연출하기도 하지만 작품 전체가 어두워지는 효과도 있다. 어떤 이에게는 아름답게 느껴지지만 다른 누군가에게는 독특하고 이상하게 여겨지기도 한다.

안개나무

안개나무에 대한 사람들의 평가가 엇갈리는 것처럼, 나도 주변 사람들에게 여러 모습으로 비쳤다. 가끔 내가 누구인지 헷갈렸다. 나에게는 착한 마음도 있었지만, 때로는 그렇지 않기도 했다. 어떤 상황에서는 따뜻하고 친절했지만, 어떤 상황에서는 차갑고 냉정했다. 나를 바라보는 이들의 시선은 저마다 달랐다. 누군가에게는 성격 좋고 활달한 사람으로, 다른 이에게는 섬세하고 차분한 사람으로, 또 어떤 이에게는 민감하고 예술적인 사람으로 보였다.

사실 나 자신도 나를 제대로 알지 못했다. 열정과 성실함이 있는가 하면, 나태하고 게으른 모습도 있었다. 부모님, 아이, 학생들, 친구들이 본 내 모습은 비슷하면서도 각각 조금씩 달랐다. 내가 좋아하는 일을 시작하면서 나의 모습에 균열이 생겼다. 착함과 나쁨이 공존하는 나에게서 좋은 이미지만 남기고 싶어 했다. 내가 만드는 작품의 서정성이 훼손되는 것이 두려웠던 것인지도 모른다. 결국 스스로 만들어 놓은 이미지에 갇혀 답답함을 느꼈고, 내 자아가 조금씩 흔들리기 시작했다. 한때 나의 손을 잡아주고 나를 지켜주었던 것들이 오히려 내가 목소리를 낼 수 없게 만들었다.

  하늘을 바라보며 생각해 보았다. 하늘은 늘 우리 곁에 있고 아름답지만 단 하루도 똑같은 모습을 보여준 적이 없다. 파란 하늘에 그림 같은 구름이 떠 있는 날도 있고, 먹구름이 가득해서 세상에 빛이 스며들지 않는 날도 있다. 비가 쏟아지는 날이나 천둥 번개가 치는 날도 있고, 석양이 아름답게 빛나는 날도 있다. 정의할 수 없는 다양한 감정이 교차하는 나 자신도 어쩌면 하늘과 같다는 생각이 들었다. 화가 났을 때의 날카로운 모습, 긍정과 평온이 가득했던 모습, 설렘으로 충만했던 모습 모두가 나인 것을 인정하게 되었다. 다양한 모습을 가진 안개나무처럼 더 이상 내가 바라는 한 가지 모습으로 나를 정의하지 않기로 했다. 어둠과 빛이 공존하고 폭우와 청명이 공존하는 하늘처럼, 마음에 품은 무수한 계절을 드러내며 꽃 피어 나가고 싶다.

아스틸베
세상의 주인공이 아니더라도

　푸른 잎 사이로 보석처럼 반짝이는 아스틸베는 작고 풍성한 수많은 꽃들이 줄기를 따라 옹기종기 얹혀있어 한 폭의 그림 같다. 전체적인 꽃송이는 풍성함과 무게감이 조화를 이루어 우아한 존재감이 느껴지지만, 각각의 작은 꽃들은 바람에 흔들리는 듯 가벼운 깃털 모양을 하고 있어 부드럽고 서정적인 분위기를 자아낸다. 유려하고 우아한 인상을 가진 아스틸베는 특히 웨딩 부케를 장식하는 꽃으로 사랑받고 있다. 긴 줄기에 화사한 꽃송이를 가지고 있어 튤립, 카라, 장미와 함께 배치하면 화려하면서도 고급스러운 느낌을 연출할 수 있다.

　아시아와 북아메리카 원산의 아스틸베는 흰색, 연분홍색, 빨간색, 자주색 등 다양한 색상을 가지고 있어 계절의 포인트 역할을 해준다. 한국에서는 '아스틸베'라는 영어 이름보다는 '노루오줌'이라는 이름으로 더 잘 알려져 있다. 그 이름은 뿌리에서 노루오줌 냄새가 난다거나 노루가 마시는 물가에서 피는 꽃이라는 데서 유래되었다는 설이 있다. 하지만 최근에는 아스틸베라는 이름도 한국에서 점차 많이 사용되고 있다.

　6월부터 8월까지 개화하는 아스틸베는 여름꽃으로 분류된다. 개화 시기가 지나면 국내 생산이 어려워져 수입에 의존하게 되는데, 공급량이 부족하여 가격이 높은 편이다. 하지만 여름에는 국내에서 대량 재배되어 다양한 꽃 작품에 활용된다.

아스틸베는 꽃다발, 꽃바구니, 센터피스 등에서 중요한 역할을 한다. 꽃 장식을 만들 때는 먼저 중심이 되는 주요 꽃(매스플라워)을 정하고, 그 다음 선과 방향성을 주는 꽃(라인플라워)을 배치한 후, 마지막으로 빈 공간을 채우는 꽃(필러플라워)을 추가한다. 이때 아스틸베는 라인플라워나 필러플라워 역할을 하며, 작품에 부드러운 질감과 선을 더해준다. 하지만, 아무리 아름답다고 한들 아스틸베는 꽃 작품에서 주인공이 되기보다는 보조 역할을 하는 경우가 많다. 웨딩 부케에서는 튤립이나 카라 같은 메인 꽃을 돋보이게 하는 조연으로 활용된다.

  이는 드라마에서도 마찬가지다. 주인공은 소수이고, 대부분의 인물들은 주인공의 이야기를 돕는 조연 역할을 한다. 드라마에서 주인공은 중심적인 역할로 이야기를 이끌어나가며, 나머지 인물들은 주인공의 가족, 친구, 직장 동료 등 다양한

아스틸베

모습으로 등장한다. 주인공을 괴롭히거나 짝사랑하는 이도 있고, 스치듯 지나가 이름조차 없는 단역도 있기 마련이다. 가끔 단조로운 나의 인생을 바라보며 지구에서 나의 존재는 드라마에서 조연조차도 아닌 것 같다고 느끼곤 했다.

사람은 누구나 의미 있는 존재가 되고 싶어 한다. 의미 있는 존재가 된다는 것은 무엇일까. 광활한 세상 속에서 자신의 존재 가치를 확인하고 삶의 목적을 발견하는 것 아닐까. 이 과정은 힘겹지만, 세상과 연결되어 있다는 느낌을 주며 앞으로 나아갈 이유를 찾게 해준다. 우리는 사랑하는 사람에게 소중한 존재가 되거나, 부모가 되어 자녀를 사랑으로 키워내면서 삶의 의미를 발견한다. 또한, 일을 통해 자신만의 브랜드를 만들거나 회사에 필요한 인재가 되기 위해 노력하며 성장과 발전을 이루기도 한다.

의미 있는 존재가 되는 일은 아마도 자존감이나 행복과도 맞물려 있어 쉽지 않은 과제일 것이다. 그렇다면 극중 소수의 주인공을 제외한 나머지는 의미 없는 존재인가. 결코 그렇지 않다. 주인공의 서사를 끌어안은 가족, 친구, 때론 악역까지 모두 각자의 역할에서 고유한 가치를 가지고 있다. 조연들은 작품에 다양성과 긴장감을 부여하고 스토리를 풍부하게 만든다. 때로는 관객이 주인공보다 조연의 삶에 더 공감하기도 한다. 에피소드 역할의 단역조차도 모두 작가의 구상 안에 있으며, 작품이 끝난 후 악역이나 조연이 주인공보다 더 빛나는 경우도 많다. 굳이 모든 이가 주인공이 될 필요는 없다. 세상에 이름을 남긴 주연 배우들도 수많은 조연과 엑스트라 배우들이 있었기에 빛날 수 있었다. 누가 더 중요한 존재라기보다는, 모두가 작품을 완성하는 데 필수적인 존재라는 사실을 기억해야 한다.

센터피스에서 작약이 주인공으로 화려하게 중심에 자리하고 있어도 가장자리의 아스틸베, 오를라야는 섬세한 선을 더해 전체의 아름다움을 완성한다. 이는 작약만으로 채운 센터피스와는 분위기가 확연히 다를 것이다. 주인공은 화려함으로 눈길을 사로잡지만, 조연은 주인공을 돋보이게 하고 작품 전체에 풍성함과 깊이를 더한다. 주인공이면 어떻고 조연이면 어떤가. 누군가는 화사한 작약보다 아스틸베의 섬세한 매력에 더 빠져들 수 있다. 바로 내가 그렇다. 크게 중앙을 차지하는 꽃보다는 잔잔하게 자신만의 매력을 발산하는 꽃, 물결처럼 선이 고운 꽃들에게 더 끌린다. 누군가가 사랑해주지 않으면 또 어떠하리. 비록 화려한 중심에 놓이지 않더라도, 아스틸베의 인생에서는 아스틸베가 주인공인 것을.

수국
있는 그대로 바라본다는 것은

여름이 되면 청량한 숲속의 정령이 노래를 하는 듯 화사한 수국이 떠오른다. 수국은 개화 시기인 6월과 7월이 되면 하늘색, 파란색, 보라색, 분홍색, 흰색 등 다양한 색감으로 피어나는데, 일부 종류의 경우 토양의 산성도(pH)에 따라 색이 달라진다는 재미있는 특징을 가지고 있다. 수국(Hydrangea)이라는 이름은 그리스어 '물(Hydro)'과 '그릇(Angeion)'의 합성어로, 꽃 모양이 물을 담는 그릇처럼 보인다는 의미다. 흥미로운 사실은 우리가 흔히 꽃이라고 생각하는 수국의 겹겹이 탐스러운 꽃잎이 실은 꽃을 보호하고 곤충을 유인하는 포엽이며, 실제 꽃은 아주 작아 포엽에 둘러싸여 있다는 것이다.

평소 수국을 자주 사용하지는 않지만, 여름이 되면 공간 장식용으로 종종 활용하곤 한다. 수국으로 행잉 장식, 웨딩 아치, 바닥 장식 등을 만들면 풍성하면서도 신비로운 느낌을 연출할 수 있다. 겨울에는 수입에 의존하므로 가격이 비싸고 상태가 좋지 않을 때도 있지만, 제철인 6월과 7월에는 출하량이 많아 저렴하고 싱싱한 수국을 오래 감상할 수 있다는 장점이 있다.

수국을 보면 6월에 아이와 함께 떠났던 제주 한달살이가 떠오른다. 6월의 제주는 거리가 온통 화려한 수국으로 가득했다. 복잡한 서울을 떠나 제주에 도착하자 마치 다른 세상에 온 듯 마음이 자유로워졌다. 어디서나 바닷소리가 들리고, 높은 건물이 없는 동네의 마당이 넓은 집에서 아이와 한 달을 보냈다. 아이에게는 숲과 흙, 바다가 가장 큰 놀이터였다. 아이는 벌레가 궁금해 오랜 시간 땅만 쳐다보고, 모래와 흙을 거침없이 만지며, 하늘이 예쁘면 바닥에 드러누워 하늘을 바라보았다. 때로는 나무를 힘껏 안으며 나무에 올라가고 싶어 하기도 했다. 그렇게 아이는 주변을 가볍게 보지 않고 늘 초롱초롱한 눈으로 세밀히 관찰했다.

수국

매일 반복되는 바쁘고 고단한 일상 속에서 주변을 둘러볼 여유조차 줄어들던 때, 아직 세상이 신기하고 재미있는 아이의 활기찬 시선으로 자연을 함께 나누는 시간은 더없이 즐거웠다. 더운 여름철 생명력 넘치는 수국처럼 아이는 싱그럽고 생기발랄한 모습으로 세상을 바라보았다. 어딜 가나 수국으로 가득한 제주의 6월은 날씨도 대부분 좋았다. 아이의 속도에 맞춰 느린 산책을 마치고는 숙소 근처 김녕 해변에 들러 모래밭에 함께 앉아 해가 지는 것을 바라보곤 했다.

한 달 동안 제주에서 많은 것을 하려 하지 않았다. 그날의 날씨나 기분에 따라 가고 싶은 곳을 즉흥적으로 정하고, 몸이 피곤하거나 비가 오면 숙소에서 쉬며 시간을 보냈다. 숙소에 머무르는 동안에는 아무 일정 없이 천천히 시간을 가졌고, 멀리서 파도 소리가 작게 들려왔다. 아무것도 하지 않으며 아이와 지내면 지루할 것 같지만, 오히려 그 조급하지 않은 시간이 좋았다.

제주에서 아이와 내가 가장 좋아하는 시간은 서로의 눈을 바라볼 때였다. 우리는 꽤 자주 서로를 바라보았고, 그 고요한 정적 속에서 서로의 눈동자에 서로의 모습이 비쳤다. 사소한 소리와 몸짓에도 까르르 웃는 아이의 순수함에 나는 그저 무장해제되었다. 나는 그렇게 서로를 바라보는 시간이 좋았고 또 귀하다고 생각했다.

누군가를 온전히 사랑하는 일은 꽤나 어렵다. 대부분 나 자신을 투영해서 상대방을 바라보기 때문에 때로는 온전한 사랑이란 아주 소수의 사람만이 경험하는 것은 아닐까 생각한다. 우리는 상대방의 눈을 바라보며 이야기하지만, 실제로는 그 눈에 비치는 자신을 보고 있는 것은 아닐까? 어쩌면 우리는 수많은 사람들과 대화를 나누면서도, 결국 자기 자신의 이야기만 하고 있는 것인지도 모른다.

가끔 사람을 만나고 와서도 마음이 헛헛한 이유는 나의 시선에서 벗어나 상대방의 이야기에 공감하는 일이 어렵다는 것을 깨닫고, 나 역시 그런 공감을 받지 못했음을 알게 되기 때문일지도 모른다. 자신의 생각과 경험, 가치관으로 상대를 판단하다 보면 결국 사람에 둘러싸여 있으면서도 공감받지 못하고 외로운 사람들만 남게 된다. 서로를 온전히 바라보는 것, 이것이 가능할까.

그래서 나는 매일 마주하는 아이를 위해 힘껏 노력한다. 있는 그대로의 아이를 사랑하려고, 나의 기준과 생각으로 이해되지 않더라도 온몸으로 힘껏 아이의 인생을 끌어안으려고 한다. 그 진정한 사랑을 해보라고 하늘이 나에게 주신 아이라고 생각하면서.

가끔 제주를 생각하면 아직도 귓가에 바닷소리가 들리는 것처럼 생생하다. 아이와 하루 종일 붙어 지냈던 제주에서 함께 바라본 풍경들, 서로의 눈빛은 마음속에 여전히 남아있다. 한달살이 후 시간이 꽤 흘렀고, 아이는 바다와 초록을 사랑하는 아이로 자랐다. 매년 6월이 되면 수국이 아름다웠던 그해 여름이 떠오른다.

델피니움
몰입의 자유로움

델피니움(Delphinium)은 돌고래를 뜻하는 그리스어 'Delphin'에서 유래한 이름이다. 꽃봉오리 모양이 돌고래를 닮았다고 해서 붙여진 이름처럼 신비로운 분위기를 자랑하는 꽃이다. 한국에서는 꽃잎 모양이 제비의 꼬리를 닮았다고 해서 '제비고깔'이라고도 불린다. 6월부터 9월까지 개화하며, 연보라색, 분홍색, 파란색, 흰색, 하늘색, 청보라색 등 다양한 색상의 꽃을 피운다. 꽃은 꽃대에 모여서 달리며, 길고 크고 화려하여 웅장한 느낌을 준다.

델피니움은 높이가 50cm~2m 정도로 자라며 곧게 자란 줄기에 잎과 꽃이 달린다. 반면, 델피니움의 한 품종인 미니 델피니움은 30~60cm로 키가 작고 잎이 손바닥 모양으로 갈라지는 특징이 있다. 미니 델피니움은 줄기가 가늘고 꽃이 하늘하늘한 느낌으로 자라는 것이 특징이며, 꽃이 작고 귀여워 필러플라워로 많이 사용된다.

델피니움의 꽃송이는 마치 우아한 발레리나를 연상케 하는데, 꽃 수업에서 델피니움을 처음 보는 학생들은 경이롭다는 시선을 보낸다. 수업에 델피니움을 자주 사용하다 보니 학생들에게 선생님이 좋아하는 꽃이라고 생각했다는 말을 들었다. 실제로 델피니움은 내가 좋아하는 꽃이기도 하지만, 작품에서 델피니움을 선택하게 되는 가장 큰 이유는 바로 하늘색의 색상 때문이다.

델피니움

   나는 하늘색을 좋아한다. 늘 바라보는 하늘의 색, 푸른 바다의 색, 자유와 편안함을 상징하는 색이기 때문이다. 꽃 시장에는 분홍색, 보라색, 빨간색, 흰색 등의 꽃들이 대부분을 차지하고, 파란색이나 하늘색 꽃은 흔치 않다. 그 희소성에도 매력을 느끼지만, 무엇보다 델피니움 본연의 푸른색에 매료되었다. 인공적 염색이 아닌 자연이 선사하는 신비로운 푸른 빛은 작품에 특별한 영감을 불어넣어 준다.
   델피니움이 아름답게 피는 계절이 오면 나의 작품도 하늘빛을 담기 시작한다. 웅장한 느낌의 델피니움은 주로 대형 작품에 많이 사용하고, 잔잔한 미니 델피니움은 일반 작품에 사용한다. 공간 장식 작품에서는 꽃을 활용해 특정한 주제나 이미지를 표현하기도 한다. 예를 들면 자유로이 바다를 유영하는 돌고래, 우주에서 바라보는 지구, 꽃구름, 무지개 등을 꽃으로 형상화한다.

미니 델피니움

  자연에서 온 꽃으로 자연을 그리는 시간은 몸과 마음에 자유로움을 선사한다. 꽃 작업을 할 때는 규칙과 순서도 중요하지만, 나는 그것에만 얽매이지 않는다. 꽃을 가만히 바라본 후 마음의 소리에 따라 꽃이 있어야 할 자리를 찾는다. 하나씩 꽃을 대보고 가장 아름답게 빛나는 순간을 포착해 아름다움을 빚어간다.

  꽃의 이야기를 받아 적듯 꽃을 마주하는 시간은 늘 설레고 평온하다. 사뭇 그 시간에 빠져 있다 보면 종종 시간의 흐름을 잊어버릴 때가 있다. 그렇게 오롯이 꽃에 집중하는 시간, 삶에서 이토록 마음을 다해 몰입할 수 있는 시간이 있다는 것은 감사한 일이다. 꽃에 마음이 머무는 그 시간만큼은 불안한 삶으로부터 완연히 자유로움을 느낀다.

금꿩의다리
줄리 앤 줄리아

숲속 요정의 노래처럼 반짝이는 금빛 수술과 보랏빛 꽃받침이 아름다운 향연을 펼치는 금꿩의다리는 한국과 일본의 일부 지역에 분포하며, 주로 산지에서 서식한다. 이 꽃의 이름은 특징적인 외형에서 비롯되었는데, 꿩의 다리를 닮은 줄기와 황금빛 수술에서 유래되었다.

7월부터 8월까지 여름철에 피어나는 금꿩의다리는 바람에 흔들리는 작은 꽃망울의 모습이 정말 아름답다. 꽃잎처럼 보이는 보라색 부분은 꽃받침인데, 그 청량한 보랏빛이 여름 풍경과 하나가 된 듯 어우러진다. 독특한 꽃 모양 덕에 사람들에게 인기가 많고, 한국의 대표 야생화로 찬사받는 꽃이다. 야생에서 자신만의 아름다움을 뽐내는 금꿩의다리를 보면 근사한 기분이 들며, 꽃을 마주하는 일을 직업으로 삼길 잘했다는 생각이 든다.

직장인에서 플로리스트가 되는 과정에서 나에게 큰 영감을 준 영화는 〈줄리 앤 줄리아〉였다. 실화를 바탕으로 제작된 이 영화는 두 여성의 삶을 교차편집으로 보여주며, '좋아하는 일을 직업으로 삼는 것'이라는 주제를 감동적으로 그려낸다.

1949년 프랑스. 외교관의 아내 줄리아 차일드는 정말로 하고 싶은 일이 무엇인지 물어보는 남편의 질문에 '먹는 것'을 가장 좋아한다고 답한다. 자신이 좋아할 만한 다양한 활동을 시도해 보지만 진정한 즐거움을 찾지 못한 그녀는 요리에만 흥미를 느낀다. 줄리아는 르 꼬르동 블루 요리 학교에 입학하여 당시의 여성 요리사에 대한 편견 속에서도 묵묵히 노력하며 실력을 갈고닦는다. 그리고 요리에 대한 열정을 키워나가며 자신의 길을 개척한 그녀는 8년간의 노력 끝에 요리책을 출판하여 큰 성공을 거둔다. 이를 통해 줄리아는 전 세계적으로 사랑받는 프렌치 셰프로 자리매김하게 된다.

2002년 뉴욕. 평범한 직장인 줄리는 단조로운 회사 생활과 불분명한 미래 때문에 지쳐있다. 뚜렷한 목표 없이 살아가는 그녀의 삶은 안개 낀 길을 걷는 것처럼 불확실하고 답답하기만 하다. 이런 불안정하고 방향성 없는 삶 속에서, 줄리는 요리를 통해 위안을 얻는다. 집에 돌아와서 레시피대로 완벽한 요리를 만들어내는 과정은 그녀에게 즐거움과 성취감을 준다. 변화를 갈망하던 줄리는 365일 동안 줄리아 차일드의 요리책에 있는 모든 레시피를 만들어보겠다는 목표를 세우고 블로그에 요리 과정을 공유하기 시작한다. 부족한 경험과 재료비 부담 속에서도 끊임없이 도전한 결과, 그녀는 인기 블로거로 성장한다. 이 과정에서 줄리는 요리와 글쓰기에 대한 열정을 발견하고 새로운 삶의 방향을 찾아간다. 결국 그녀는 자신의 경험을 담은 책을 출간하며 작가라는 새로운 꿈을 이루게 된다.

영화 속 두 주인공은 자신이 진정 원하는 삶을 찾기 위해 용기를 내고 노력하는 가운데 많은 어려움을 겪지만 결국 성공을 거둔다. 특히 요리에 푹 빠진 줄리아가 "얼마나 행복한지 모르겠어."라고 환하게 웃으며 말하는 장면이 잊히지 않는다.

대학 시절, 나는 내일이 보장된 안정적인 삶을 꿈꿨다. 하지만 회사에 입사한 후, 마음이 즐거운 나만의 일을 하고 싶다는 생각이 들기 시작했다. 영화 〈줄리 앤 줄리아〉의 줄리아처럼 처음에는 삶의 기쁨을 찾기 위해 여러 가지를 배우기 시작했지만, 오래가지 못했다. 더 이어나갈 만큼의 즐거움과 의욕이 없었기 때문이었다. 그러다 꽃을 만나게 되었는데, 꽃은 생각보다 오랫동안 배우게 되었다. 도심 속 회사에서 컴퓨터와 문서만 보다가 생명력 있는 꽃을 만나면 그 시간이 선물

금꿩의다리

처럼 귀했고, 살아있는 생명을 마주하는 것만으로도 가슴이 뛰었다.

  삶의 변화가 필요하다는 생각이 들었을 때, 나는 블로그를 시작했다. 2010년은 한창 블로그가 인기 있던 시절이었다. 블로그를 하는 건 언젠가 내가 새롭게 시작할 일에 도움이 될 것 같았다. 줄리의 블로그처럼 정해진 미션이나 도전이 있는 블로그는 아니었지만, 조금씩 사람들의 관심을 받으며 조회수도 늘어나고 소통하는 블로그 이웃들도 생겼다. 나아가 내가 쓴 글이 네이버 메인 페이지에 소개되는 경험도 하게 되었다. 무엇보다 블로그를 운영하는 것이 재미있었다. 나의 일상을 모아두고 보니 제3자의 입장에서 나를 바라보는 느낌이 들었다.

  첫 블로그로 시행착오를 겪으며 나의 색감을 더 담고 싶다는 생각에 두 번째 블로그를 시작했다. 내가 관심 있는 카페, 여행, 전시, 꽃, 취미 생활 등에 관련된 내용을 올리면서 나의 생각과 취향을 정리했다. 매일 꾸준히 글과 사진을 모으며 몇 년이란 시간이 흘렀고, 실제로 꽃 일을 시작할 때 이 블로그가 큰 도움이 되었다. 처음 꽃 일을 시작했을 때는 막막했지만, 이미 만들어두었던 블로그를 통해 조금 더 쉽고 빠르게 사람들에게 알릴 수 있었다. 당장 내 눈앞에 보이지 않더라도 언젠가 도움이 될 것이라고 믿으며 쌓아왔던 지난 노력이 나를 이끌어 주었다.

  좋아하는 일을 직업으로 삼으며 이상과 다른 현실 속에서 고민과 좌절도 있었다. 그렇게 방황하면서 앞으로 나아갈 길을 고민할 때 눈앞에 꽃이 보였다. 특히 금꿩의다리 꽃술을 보면 오래전 반짝거렸던 나의 열정과 선연한 의지가 떠오른다. 건조했던 삶에 찾아온 기쁨 속에서 꽃을 배우며 행복해했던 마음은 곱고 예쁜 편지 같다. 잠시 잊을 수는 있지만 사라지지는 않는다. 가끔 힘든 시간이 오면 서랍 속에 넣어두었던 편지 같은 마음을 꺼내본다. 지금 나에게 필요한 것은 〈줄리앤 줄리아〉 속 대사처럼 "자신의 믿음에 대한 용기"를 갖는 것일지도 모른다.

안개꽃
무용한 것들을 사랑하는 사람

　안개꽃은 작은 꽃송이들이 모여 마치 안개가 낮게 깔린 듯한 맑고 깨끗한 분위기를 자아내는 꽃이다. 6월부터 9월까지 개화 시기이지만, 꽃 시장에서는 일 년 내내 만나볼 수 있다. 꽃다발과 꽃꽂이에 보조 꽃으로 자주 사용되며, 생화로도 오래 즐길 수 있다. 또한 건조하여 보관이 가능하므로, 드라이플라워, 웨딩 장식, 다양한 공간 스타일링 등에 활용도가 높다.
　영어 이름 'Baby's breath'는 안개꽃의 꽃잎을 아기의 숨결에 비유한 데서 유래했다. 작은 꽃들이 흐드러지게 피어있는 모습이 아기의 숨결처럼 순수하고 자연스러운 아름다움을 지니고 있기 때문이다. 새벽의 안개가 걷히고 햇살이 반짝이며 세상을 비추면, 작고 푹신한 순백의 꽃잎들이 땅 위에 구름처럼 모여 하나의 그림을 완성한다. 안개꽃은 그 자체로 잔잔하면서도 강인하며, 섬세한 아름다움을 간직하고 있다. 화려하지는 않지만, 다른 꽃과 함께 어우러졌을 때 그 꽃을 더욱 빛나게 하는 역할을 한다.
　난 안개꽃의 아름다움처럼 무용한 것들을 사랑하는 사람이다. 맑고 순수한 꽃이 피고 지는 자연의 순환에 항상 경이로움을 느낀다. 봄이 오는 소리를 가만히 기다리고, 눈에 보이지 않아도 존재하는 씨앗의 모습을 상상하고, 벚꽃 망울이 팝콘처럼 터지는 광경에 감탄을 금치 못한다. 봄밤의 향기를 찾아 달빛 아래서 꽃을 조용히 바라보고, 밤하늘을 수놓은 별빛의 낭만을 찾아다닌다. 길가의 들풀처럼 자연스러운 매력을 지닌 여름꽃들로 각 꽃줄기가 바람에 흔들리며 춤추는 듯한 모습을 연출하며 싱그러운 다발을 만든다. 가을의 색감 속에서 낙하하는 잎의 온기를 느끼며 산책하고, 겨울에는 소복이 쌓인 눈 위로 첫발을 내딛으며 한겨울 가지 끝에 매달린 눈꽃송이의 섬세한 아름다움에 빠져든다.

  사계절을 온몸으로 살아내다 보면, 어느새 마음이 꽃의 색감으로 물들어 가는 시간이 좋았다. 쓸모에만 집착하는 세상 속에서 나의 존재 가치를 찾으려 애쓰다가, 무용해 보이는 것들이 오히려 나에게 위로의 정원이 되어준다는 사실을 깨달았다. 오늘도 나는 일상 속에서 아름다움을 발견하려고 노력한다. 무용한 것들 덕분에 나의 삶은 더 근사해져 가고 있다.

안개꽃

백일홍
꽃의 수명에 대하여

　백일홍은 6월부터 10월까지 개화하며, 노란색, 분홍색, 주황색, 빨간색 등 다채로운 색감의 꽃이 꽃줄기에 하나씩 피어난다. '백일홍'이라는 이름은 '100일 동안 꽃이 붉게 핀다'라는 뜻이지만, 사실 한 송이 꽃이 100일 동안 피는 것은 아니다. 백일홍은 꽃봉오리가 매우 많아 한 꽃이 시들면 다른 꽃이 피어나면서 끊임없이 새로운 꽃을 피우는 특징을 가지고 있다. 이로 인해 마치 100일 동안 꽃이 핀 것처럼 보이는 것이다.

　집 근처에는 매년 다양한 계절 꽃들이 피어나는 구립 '꽃마당'이 있다. 봄에는 눈부신 노란 유채꽃밭, 가을에는 화려한 코스모스밭, 그리고 여름에는 백일홍 꽃밭이 만개하여 아름다운 풍경을 감상할 수 있다. 이번 여름에도 백일홍은 키가 60~90cm 정도로 자란 채 강렬한 햇살 아래에서 더욱 빛나고 있었다. 이처럼 백일홍은 여름의 향기를 전하는 꽃이다.

　나는 여름의 꽃들을 사랑한다. 화려한 색감과 생기 넘치는 아름다움을 지닌 여름꽃들은 그 자체로 여름의 생명력을 느끼게 해준다. 그중 하나인 백일홍은 여름꽃 시장에서 자주 볼 수 있는 꽃으로, 색감이 예뻐서 구입하지만 안타깝게도 다른 꽃들에 비해 수명이 짧은 편이다. 백일홍의 줄기는 속이 비어있어 약하고 탈수 현상이 나타나기 쉬우며, 충분한 물을 흡수하지 못할 경우 목이 꺾이거나 꽃잎 가장 자리가 말라 금방 시들어버린다. 이처럼 백일홍은 절화로서 수명이 짧기 때문에 구입하기 전에 늘 고민이 된다.

꽃 수업의 학생들과 고객들은 대부분 수명이 긴 꽃을 선호하기 때문에 백일홍은 호불호가 갈리는 꽃이기도 하다. 그럼에도 불구하고 작품에 활용했을 때 백일홍의 알록달록한 색감은 화사한 여름의 분위기를 잘 표현한다. 꽃 수업에서는 튼튼하고 오래가는 꽃만 사용하는 것보다 세상에 존재하는 다양한 꽃들을 경험하고 학습하는 것이 더 중요하다. 그래서 나는 매 수업마다 꽃의 색감이나 종류를 다양하게 하여 학생들에게 여러 가지 꽃을 소개하고 있다. 꽃마다 다른 수명, 생산지, 볼 수 있는 계절, 품종 등 모든 것이 배움의 대상이 될 수 있다. 백일홍의 짧은 수명을 아쉬워하는 학생들을 위해, 수명이 긴 꽃을 함께 준비하여 균형을 맞추기도 한다.

백일홍

하지만 꽃을 판매하는 경우라면 선택의 폭은 더 좁아진다. 고객들은 주로 집안 장식용으로 수명이 긴 꽃을 선호하는 경우가 많기 때문에 내구성이 좋은 장미, 2주 이상 지속 가능한 카네이션, 튼튼한 거베라, 싱싱한 제철 꽃 등으로 선택해야 한다. 따라서 판매할 때는 주로 사용하는 꽃만 안정적으로 취급하게 되는 경향이 있다. 고객들의 구매 목적에 따라 꽃의 수요는 변하지만, 대체로 수명이 긴 꽃들이 꽃 시장에서 인기가 많아 사계절 내내 볼 수 있는 경우가 많다.

나는 꽃 일을 시작하면서 꽃 시장에 나와 있는 다양한 꽃들을 경험해 보고 싶었고, 꽃으로 표현할 수 있는 새로운 디자인에 늘 관심이 많았다. 그래서 다양한 꽃 재료를 접할 수 있는 수업을 주로 하고 있다. 가끔 정보를 알 수 없는 새롭게 개량된 꽃이나 수업 때 사용하기에는 고가인 꽃, 금방 시들 것 같은 계절의 들풀 등이 나올 경우에는 수업 재료비가 아닌 개인 비용으로 직접 구입해서 곁에 두고 관찰한다. 그렇게 꽃과 함께 지내면서 좀 더 가까이에서 지켜보고 꽃에 대해 알아가는 시간을 가진다.

아름다운 꽃을 오래도록 곁에 두고 감상하고 싶은 마음은 누구나 가지고 있을 것이다. 새로 사온 꽃이 금세 시들어버리면 속상한 것은 당연하다. 하지만 나는 꽃의 유지 기간만 우선시하느라 놓치게 되는 수많은 꽃들을 알고 싶다. 나는 이 세상의 다양한 꽃들이 지닌 아름다움을 가까이에서 지켜보고 싶다. 서로 다른 꽃으로 조화로운 아름다움을 만들어내는 일에 도전하는 마음을 가지고 있기에, 비록 꽃과 짧은 시간 동안 만났다고 하더라도 그 만남 자체만으로 충분하다고 생각한다.

백일홍이 만개하는 여름이 오면, 꽃 시장에서 마음에 드는 백일홍을 구입하곤 한다. 오래가지 않으면 어떤가. 백일홍은 존재 자체만으로 오늘 만든 꽃다발을 싱그러운 여름의 색으로 물들였다.

아미초
빨강머리 앤의 시선

봄이 지나 여름이 찾아오면 아미초는 초록 들판을 수놓는다. 작은 별들의 무리처럼 빛나는 아미초는 미풍에 우아하게 흔들리며 섬세한 흰색의 꽃잎을 드러내는데, 영국의 시골 정원 같은 자유롭고 낭만적인 느낌을 선사한다.

아미초는 흰 레이스처럼 얇고 섬세한 꽃으로, 햇살처럼 반짝이는 꽃잎을 가지고 있다. 가느다란 줄기에 수많은 작은 꽃들이 우산처럼 달려있는 모습은 독특하면서도 아름답다. 개화 시기는 6월에서 8월까지로, 우리나라에서는 아미초, 아미, 레이스플라워 등의 이름으로 불린다. 아미초의 꽃말은 '사랑의 소식', '우아한 몸짓'이다. 아미초는 '천국의 레이스'라는 별명처럼 순수하고 맑고 깨끗한 영혼을 상징하는 꽃이다.

나는 아미초를 보면, 상상력이 있으면 무엇이든 할 수 있다는 희망을 가지고 세상을 따뜻한 시선으로 바라보는 빨강머리 앤이 떠오른다.

"가장 멋지고 즐거운 날이란 아주 인상적이거나 놀랍거나 신나는 일이 일어난 하루가 아닌 것 같아요. 오히려 진주를 한 알씩 실에 꿰듯 단순하고 평범하면서도 작은 기쁨이 하나씩 부드럽게 이어진 날이죠."

– 『빨강머리 앤』, 루시 모드 몽고메리 글

살아있다는 사실 자체가 기쁘고, 세상이 재미있는 것으로 가득 차 있다고 생각하던 앤의 시선을 어릴 적부터 동경해왔다. 어른이 되어 현실 속에서 앤을 잠시 잊고 살았지만, 친구에게 선물받은 『빨강머리 앤』 책을 통해 다시 앤과 마주하게 되었다. 앤은 늘 봄이 오는 것에 감탄하며, 모퉁이 너머 초록빛 영광과 부드럽고 다채로운 빛과 그림자를 좇으며 새로운 아름다움을 찾아다닌다. 앤의 눈에는 세상 모든 것이 흥미롭고 신선하게 느껴진다.

아미초

　나도 어린 시절 모래와 풀, 나뭇가지 하나에도 흥미를 느끼고 친구들과 재미있게 놀았던 것 같은데, 언젠가부터 그런 삶의 재미를 잃어버리고 있다는 생각이 들었다. 나이가 들수록 나에게 연결되어 있는 것들이 늘어나면서 책임감과 해야 할 일, 걱정거리로 삶이 가득 차 마음이 낡아가고 있었다. 하지만 앤은 봄의 독특한 달콤함을 들이마시고 작은 연못 주변에 돋아난 푸른 풀을 바라보며 꿈은 결코 나이를 먹지 않는다고 말한다. 혼자 있어도 꿈과 상상으로 재미있게 지내며, 즐기겠다고 마음먹으면 즐거워진다고 말하는 앤. 사람들이 보지 못하는 시선으로 세상을 바라보는 그녀의 긍정적이고 밝은 에너지로 내 마음도 한껏 싱그러워졌다.

  세상에는 여전히 많은 즐거움이 존재하지만, 내가 보려 노력하지 않았기에 놓쳐버린 것일지도 모른다. 오늘 하루를 시작하면서 나에게 말해본다. 순간순간을 소중히 여기고 새날을 기대하며 삶을 온전히 즐겁게 지내기를. 햇살을 받으며 피어난 아미초가 희망의 상징인 것처럼, 나의 변화된 시선으로 인해 세상이 더욱 멋져지길. 따뜻한 햇빛과 시원한 바람 같은 즐거움이 우리 삶에 운율을 더해줄 것이라고 믿으며.

플록스
변화의 흐름 속에서

마치 무지개를 품은 듯 다채로운 색감의 플록스 꽃잎은 여름 정원에서 다른 꽃들과 조화를 이루며 아름다운 풍경을 만들어낸다. 플록스는 가느다란 줄기 끝에 별 모양의 작은 꽃들이 모여 화려한 꽃송이를 형성하며, 흰색, 분홍색, 보라색 등 다양한 색상의 꽃을 피운다. 6월부터 9월까지, 초여름부터 초가을 동안 꽃을 피우는 개화 시기가 긴 여름꽃이다.

플록스라는 이름은 불꽃을 의미하는 그리스어 'Phlox'에서 유래되었다고 하는데, 꽃잎들이 풍성하게 피어나는 모습이 마치 불꽃처럼 보인다는 것에서 비롯된 아름다운 이름이다. 주로 화단이나 정원에서 키우지만 절화로도 인기가 많다. 다양한 색상과 긴 개화 시기 등의 장점 덕분에 많은 사람들의 사랑을 받고 있다.

플록스는 여름철에 꽃과 꽃 사이를 연결하여 채우는 필러플라워로 자주 활용된다. 매년 전 세계적으로 다양한 꽃을 개량한 신품종이 계속해서 등장하고 있는데, 플록스도 예외는 아니다. 몇 년 전부터 크림색이나 파스텔 톤 등 다양한 신품종이 출시되면서 플록스의 아름다움이 재발견되었다. 기존에는 주로 빈 공간을 채우는 필러플라워 역할을 했던 플록스가 이제는 작품의 중심이 되어 화려하게 배치되거나 라인을 따라 돋보이게 연출되는 경우가 많아졌다.

세상은 끊임없이 변화한다. 인생에서 변화는 계속해서 일어나며, 만약 우리가 정체되어 있다면 그대로 유지되는 것이 아니라 뒤로 밀려나게 된다. SNS를 통해 세상은 더욱 밀접하게 연결되고 있으며, 꽃 디자인과 트렌드 역시 시대와 문화에 따라 끊임없이 변화해왔다.

　20세기 초반, 영국식 자연주의 스타일을 창시한 콘스탄스 스프라이는 빅토리아 시대의 틀에 박힌 꽃 장식 스타일에서 벗어나 꽃을 디자인 요소로 바라보았다. 그녀는 들풀, 열매, 채소 등 자연 소재를 활용하여 자연스러운 형태와 풍성한 꽃꽂이 스타일을 창조했다. 20세기 후반에는 영국의 제인 패커가 꽃 하나하나의 아름다움을 강조하기 위해 단순하면서 선명한 색상과 뚜렷한 라인을 사용하는 현대 꽃꽂이 스타일을 발전시켰다. 또한, 20세기 후반부터 현재까지 활동하고 있는 프랑스의 까뜨린 뮐러는 다양한 재료를 활용하여 자연의 아름다움과 예술적 표현을 결합한 독창적인 스타일을 창시했다.

　현재 꽃 디자인 트렌드에는 다양한 스타일이 공존하고 있다. 자연에서 꺾어온 듯한 흐드러지고 자유로운 선과 빈티지한 분위기를 담은 스타일, 독창적이며 예술적인 감성을 반영한 스타일, 선명한 라인과 깔끔한 형태를 강조하는 스타일, 환경을 생각하는 친환경 스타일 등이 있다. 앞으로도 꽃 트렌드는 계속 변화할 것이다. 기존의 스타일을 융합하면서도 각자의 독특한 개성과 감성을 꽃 디자인에 창의적으로 담아내는 방향으로 발전하며, 정형화된 틀에서 벗어나 자유로운 표현을 추구하여 작품 하나하나에 철학과 메시지가 반영될 것이다.

　우리는 각자의 상황 속에서 변화의 파도를 맞이하고 있다. 불확실성으로 인해 미래에 대한 예측이 어려울 뿐만 아니라, 자신의 삶이 통제에서 벗어나 변화에 적응하는 데 실패하거나 지금의 안정적인 균형이 깨질 수도 있다. 이런 시대적 흐름 속에서 우리는 무엇을 할 수 있을까. "변화의 파도에 올라타라."라는 말이 있다. 알 수 없는 미래는 불안감과 두려움을 불러일으키지만, 변화를 통해 성장할 수 있는 기회 또한 존재한다. 갑작스러운 변화에 압도되기보다는 변화 속에서 우리가

플록스

  어떻게 살고 싶은지 결정해야 한다. 변화의 어려운 계절을 통과하는 가운데 내면이 단단해지고, 생각하지 못한 새로운 가능성과 기회를 얻을 수 있다.

  나 역시 걱정과 두려움이 많은 사람이다. 변화를 두려워하지만 이제는 받아들이려고 노력하고 있다. 외면하기보다는 받아들이는 것에서부터 모든 것을 시작할 수 있음을 알게 되었다. 플록스가 자신의 매력을 유지한 채 인기 있는 주요 절화 소재로 변화하여 많은 사람들에게 설렘과 기쁨을 주었듯이, 나 역시 내 가치관과 본질을 지키면서 변화를 마주하고, 불안과 걱정보다는 기쁨과 설렘을 가지고 나아가고 싶다.

해바라기
반 고흐의 열정

여름의 뜨거운 태양을 온몸으로 받으며 곧게 서 있는 해바라기의 모습은 우리에게 강렬한 인상을 남긴다. 한 폭의 그림 같은 풍경 속에서, 해바라기는 늘 당당하고 힘찬 자세로 빛나고 있다. 해바라기는 국화과에 속하는 한해살이 식물로, 7월부터 9월까지 피며 다양한 품종이 있다. 곧게 뻗은 줄기에 태양을 닮은 노란 꽃이 인상적이어서 '태양의 꽃'이라는 별칭도 가지고 있다. 해바라기를 보면 가장 먼저 떠오르는 것은, 네덜란드 출신의 후기 인상주의 화가 빈센트 반 고흐의 해바라기 연작 작품이다.

반 고흐는 해바라기를 매우 좋아했다. 그는 파리에서 남프랑스 아를의 '노란 집'으로 이사하면서 작업실을 꾸미기 위해 해바라기 그림을 그렸다. 고흐는 해바라기를 그릴 때 서로 다른 노란색 물감을 두껍게 칠해 입체감을 표현하여 살아있는 꽃처럼 묘사했다. 그는 당시 폴 고갱과 함께 살면서 예술적 협업을 꿈꿨지만, 예술관과 성격 차이로 인해 갈등을 겪었다. 결국 고흐는 심각한 정신적 고통을 겪으며 자신의 귓불을 자르는 충격적인 사건을 일으켰고, 이 사건 이후 고갱은 아를을 떠났다.

정신병원에 입원한 고흐는 1889년 그의 대표작 중 하나인 〈별이 빛나는 밤〉을 완성했다. 그는 병원에서도 작품 활동을 계속했으며, 정신적 어려움에도 불구하고 독창적인 작품들을 남겼다. 이후 그는 일시적으로 회복하는 듯 보였지만, 결국 37세의 나이에 스스로 목숨을 끊으며 짧은 생을 마감했다. 생전에는 인정받지 못했지만 사후에 후기 인상주의의 가장 위대한 작가 중 한 명으로 평가받으며 그의 작품은 전 세계적으로 높이 평가되고 있다.

레몬 해바라기

일하는 사람들의 모습은 다양하다. 안정을 중요하게 생각하여 욕심을 내려놓고 성공보다는 삶의 균형을 유지하며 살아가는 사람이 있는 반면, 누군가는 자신을 날카롭게 갈고닦으며 많은 것을 포기하고 오롯이 일에 전념하여 성공을 향해 나아간다. 사회적 성공을 이루는 이들은 그림에 대한 열정으로 가득했던 고흐처럼 한 가지 일에 매달리는 경우가 많은데, 사람의 에너지는 한정되어 있어 여러 곳에 분산되면 성과가 더딜 수밖에 없기 때문이다.

그렇다면 나는 어떤 사람일까. 나는 성공을 향해 달려가기보다는 균형 잡힌 삶을 추구하며, 소중한 사람들과의 시간을 중요하게 여긴다. 특히 아이의 어린 시절은 다시 오지 않기에 지금은 아이와 함께하는 시간에 집중하고 있다. 아이를 돌보는 데 많은 시간과 노력이 필요하다 보니 일에서는 일부를 내려놓기도 하지만, 이는 내가 선택한 삶의 방식이다. 물론 직업적 성취를 이루거나 열정적인 삶으로 많은 이에게 기억되는 사람들도 멋지다고 생각한다. 나는 내가 속한 세상에서 좋아하는 일을 하며 가족을 돌보며 살아가고자 한다. 우리 사회에는 해바라기처럼 열정적으로 살아가는 사람들과 삶의 균형을 이루며 살아가는 사람들이 공존한다. 서로 다른 가치관을 가지고 있지만 각자의 삶을 존중하며, 다양성 속에서 조화를 이루며 살아간다.

해바라기는 한해살이풀로 수명이 짧은 대신 강렬한 여름에 가장 돋보이는 꽃이다. 해바라기를 보면 뜨거운 태양 아래 해를 향해 꿋꿋이 서 있는 모습이 떠오른다. 강렬한 색채와 역동적인 붓놀림으로 유명한 반 고흐 역시 해바라기처럼 열정적인 예술가였다. 반 고흐에게 해바라기란 삶의 희망과 에너지, 그리고 예술에 대한 열정을 담은 꽃이 아닐까. 여름의 정원처럼, 우리 사회는 다양한 꽃들로 가득하다. 어떤 꽃은 강렬한 색으로 눈부시게 피어나고, 어떤 꽃은 은은한 아름다움으로 우아함을 뽐낸다. 이 꽃들은 모두 제 색깔로 피어나 저마다의 열정으로 정원을 아름답게 수놓는다.

스카비오사
마음의 감기

    여름 들판, 솔솔 부는 바람에 스카비오사가 나풀거린다. 얇고 긴 줄기 끝에 화려한 꽃잎을 펼친 스카비오사는 6월부터 9월까지 만개하며, 우아하면서도 섬세한 매력을 발산한다. 깃털처럼 갈라진 꽃잎 가장자리가 독특함을 더하고, 바람에 흔들리는 모습은 마치 춤을 추는 듯 아름답다. 꽃꽂이에서 스카비오사는 작품의 흐름과 선을 나타내는 라인플라워로 자주 활용된다. 꽃다발이나 센터피스에서 작품에 운율감을 부여하거나 시선을 집중시키는 포인트 역할을 하며, 마치 나비가 꽃에 앉은 듯한 생동감을 더해 작은 정원을 연상시키기도 한다. 다양한 색상과 품종을 가진 스카비오사는 이처럼 꽃꽂이에 활기를 불어넣어 주는 매력적인 꽃이다.

    스카비오사가 절정을 지나 저물기 시작할 무렵, 여름빛도 서서히 사그라든다. 이 시기가 되면 몸은 계절의 변화를 민감하게 감지하고, 어김없이 감기가 찾아오곤 했다. 계절의 변화에 적응하지 못한 몸이 감기로 반응하듯, 우리의 마음도 때때로 변화를 겪으며 균형을 잃는다. 평소에는 긍정적인 마음가짐으로 살아가지만, 가끔은 불평과 불만의 감정이 자꾸 올라오는 시기가 있다. 아무리 노력해도 감사한 마음이 들지 않고, 주변 상황이 온통 부정적으로만 보여 억지로 미소를 짓느라 지치게 된다. 가족들에게 사소한 불평과 굳은 표정을 여과 없이 보여준 날이면, 나조차도 나 자신이 싫어지려고 한다. 이렇게 마음의 균형이 무너지면, 정서

적 면역력이 떨어진 것처럼 몸도 따라 약해진다. 그럴 때면 꼭 감기에 걸린다.

  삶을 돌아보면 나는 그동안 모든 일을 완벽하게 해내고 싶은 마음이 컸다. 높은 기준으로 나를 대했고, 누군가의 요구가 아닌 스스로의 책임감으로 인해 해야 할 일을 잘해내고 싶어 매 순간을 평가받는 시험처럼 살았다. 이렇게 나 자신을 대하다 보니, 어느 순간 몸과 마음이 지쳐버려 감기에 걸리곤 했다. 감기에 걸리면 숙면하기 어려워지고 몸이 아파 일상이 깨진다. 평소 당연하다고 여겼던 일상조차 당연하지 않음을 알게 된다. 그리고 후회한다. 처음부터 그저 주어진 것이 아니었는데, 왜 당연하게 생각했을까. 만족하며 감사하는 마음으로 살아가는 것이 꽤 어려운 일이라는 것을, 약해지고 나서야 깨닫게 된다.

  오랜 장마가 끝난 뒤 햇살이 유독 반짝이는 것처럼, 긴 감기의 시간이 지나고

스카비오사

나면 평범한 일상의 소중함과 내 옆에 있어준 사람들에 대한 고마움을 새삼 느끼게 된다. 결국 건강이 가장 중요하다. 잠을 잘 자고, 제대로 먹고, 아프지 않아야 미래를 꿈꿀 수 있다. 몸이 건강하려면 마음도 건강해야 한다. 내가 편안해야 아이도 가족도 행복할 수 있다. 아이는 부모의 마음을 보고 자란다. 내가 행복하면 그 행복이 아이에게 흘러간다.

　내가 나를 소중하게 여기지 않으면 한계에 부딪히고 결국 무너지게 된다. 나에게 주어진 일과에만 매몰되어 정작 중요한 나 자신을 잊고 살았던 것은 아닐까. 어쩌면 감기는 나 자신을 돌보라는 신호였는지도 모른다. 가을이 오기 전, 감기에 걸리지 않도록 마음가짐을 새롭게 한다. 찬란한 여름꽃들이 지는 것을 바라보며, 내 마음 또한 시들어가고 있는 것은 아닌지 돌아본다.

코스모스
자유로운 아이를 닮은 꽃

　가을바람에 흔들리는 코스모스는 분홍색, 흰색, 주황색 등 다양한 색의 꽃을 피워내 마치 예술가의 팔레트 위에 놓인 물감 같다. 코스모스는 가을을 대표하는 꽃으로 국화과 한해살이 식물이다. 개화 시기는 6월부터 10월까지이지만, 특히 9월과 10월에 절정을 이룬다.

　코스모스라는 이름은 그리스어로 '질서, 세상, 우주'를 뜻한다. 코스모스의 꽃잎은 얇고 부드러워 바람에 물결치듯 흔들리고, 곧게 뻗은 줄기와 흩어진 꽃잎이 자연스러운 아름다움을 자아낸다. 꽃말로는 '순수, 아름다움, 희망, 질서' 등이 있으며, 가을의 정취를 담은 꽃으로 여겨져 많은 시인들이 작품의 소재로 삼았다.

　집 근처 구립 '꽃마당'에는 해마다 코스모스를 심는 큰 꽃밭이 있다. 넓은 들판에 피어난 코스모스가 바람에 흔들리는 모습은 가을을 더욱 낭만적으로 물들인다. 아이가 태어난 후로는 매년 아이와 함께 코스모스 꽃밭을 산책했다. 처음에는 걸음마조차 떼지 못했던 아이가 시간이 지나면서 꽃밭을 활보할 정도로 성장했다. 아이의 호기심 어린 눈망울은 코스모스를 바라보며 세상의 아름다움을 발견하는 듯했다.

　코스모스는 신이 다양한 꽃을 만들기 전의 습작 같다. 자유로우면서도 평화로운 코스모스의 모습은 아이를 닮아있다. 내가 아이를 세상에 나오게 한 것 같지만, 아이 또한 스스로 이 세상을 선택했다. 수많은 경쟁을 뚫고 용맹하게 엄마의 몸을 감싸 안았다. 그 작은 생명이 암흑 속에서 오랜 시간 기다린 끝에 세상에 나왔고, 아이의 여정을 자세히 가늠하기 어렵지만 분명한 건 우리가 서로를 간절히 원했다는 것이다.

  자유로운 영혼의 아이를 키우면서 많은 고민의 나날이 있었다. 사회의 질서를 가르치면서도 아이 고유의 순수한 색을 지켜주고 싶었다. 그 과정에서 새로운 길을 마주할 때마다 웃고 울고 고민하다 보니 마음에 한 편의 꽃 시가 피어났다. 세월이 지나 아이가 어른이 되어 우리가 함께 걸었던 코스모스 꽃밭의 추억을 기억하지 못하더라도, 그 순간들은 아이의 마음속에 아름다운 꽃처럼 자리 잡고 있으리라 믿는다. 올해도 집 근처 꽃밭에 코스모스가 필 것이다. 이번에도 아이와 나란히 걸으며 꽃을 바라보아야겠다.

코스모스

달리아
꼭 해내고야 말겠다는 마음이 주는 괴로움

    달리아는 한 송이만 있어도 눈에 띄는 꽃으로, '화려한 아름다움'이라는 말이 정말 잘 어울린다. 멕시코가 원산지인 국화과 꽃으로, 모양과 색감이 다채롭다. 개화 시기인 7월부터 10월까지, 여름에서 가을로 이어지는 기간 동안 그 아름다움을 감상할 수 있다. 태양처럼 화려한 달리아는 동서양의 멋을 동시에 지녀 다양한 꽃 장식에 활용된다. 선명한 색상과 독특한 꽃잎 모양으로 특별한 매력을 발산한다.

    우리에게도 달리아처럼 돋보이고 싶은 마음이 존재한다. 많은 사람들의 주목 속에 나의 능력을 인정받고 싶어 하며, 관심과 사랑을 받는 사람이 되고자 한다. 하지만 때로는 그 간절한 마음 때문에 오히려 원하는 것을 이루지 못하기도 한다. 시험에서 좋은 성적을 받거나 경기에서 이기는 것 등 무언가를 강렬히 원할 때, 그것을 이루지 못했을 경우의 좌절을 두려워하게 되면서 실패에 대한 부담과 불안이 커진다.

    TV 서바이벌 프로그램에서도 이미 실력파로 유명한 아티스트가 대중의 주목을 받으며 경연할 때, 그 부담감 때문에 오히려 실수하는 모습을 자주 본다. 아이러니하게도 아직 대중에게 알려지지 않은 아마추어 아티스트의 경우 부담 없이 자유롭게 무대를 즐긴다. 그리고 그 무대는 사람들에게 기억에 남는 멋진 공연으로 회자된다.

달리아

꼭 해내고야 말겠다는 마음에는 간절한 의지와 열정이 담겨있지만, 그만큼 실패에 대한 불안 또한 커질 수밖에 없다. 무언가를 사람들에게 증명하거나 잘해내고 싶은 마음이 앞서면, 최선을 다해 노력하면서도 마음 한편은 괴롭다. 제대로 해내지 못할까 봐 불안해하면서, 남에게 보여지는 모습을 의식하게 되어 본래의 목적을 잊어버린다.

꼭 잘 해내지 않아도 되고, 좋지 않은 결과가 나올 수도 있다는 것을 받아들여야 한다. 인생에서 우리는 달리아처럼 언제나 눈부시게 빛날 수는 없다. 때로는 꽃잎이 떨어지고 시들어가는 시기도 겪게 된다. 하지만 그것을 미리 마음속으로 받아들인다면, 결과에 연연하지 않고 과정 그 자체에 집중하여 즐거운 마음으로 최선을 다할 수 있을 것이다.

소국
일상을 든든하게 지켜주는 하루 루틴

 소국은 국화 중에서도 꽃송이가 작은 품종으로 단아하고 소박한 매력을 지니고 있으며, 수명이 길고 생명력이 강한 꽃이다. 국화는 9월부터 11월까지 개화하는 대표적인 가을꽃이다. 봄이나 여름에 피는 국화도 있지만, 가을에 가장 많이 피고 화려하게 만개하여 가을 풍경을 더욱 아름답게 만든다. 국화는 꽃의 크기에 따라 대국, 중국, 소국으로 나뉘는데, 소국은 꽃송이가 작은 국화꽃으로 '소륜종'이라고도 한다. 소국에는 다양한 품종이 있으며, 흰색, 빨간색, 주황색, 분홍색, 노란색 등 여러 가지 색상을 가지고 있다. 나는 소국 품종 중에 별 모양의 꽃잎을 가지고 있는 '락스 소국'을 가장 좋아한다. 연한 분홍색에 살굿빛 물감이 들어간 듯한 부드러운 색상은 다른 꽃들과 잘 어울리며 소박하고 자연스러운 느낌을 준다.

 소국은 대체로 사계절 내내 꽃 시장에서 구할 수 있지만, 제철인 가을에 가장 다양한 종류를 튼튼한 상태로 만나볼 수 있다. 소국은 꽃과 꽃 사이를 채워주고 튼튼하게 받쳐주는 필러플라워로 늘 습관처럼 구입한다. 잘 보이지 않아도 꽃꽂이 전체를 안정감 있게 만들어주는 숨은 조력자 같은 꽃이기 때문이다.

 일상에서 때로는 즉흥적으로 여행을 떠나거나 아무것도 하지 않고 스위치를 끄는 시간이 필요하다. 하지만 대부분은 일상의 루틴이 우리 삶을 유지시켜 준다. 삶을 노력이나 의지 없이 흘러가는 대로 내버려 두기만 한다면, 대개 긍정적인 방향보다는 부정적인 방향으로 기울어질 것이다. 목적 없이 표류하다 보면 때로는 삶이 무너지는 순간에 일어설 힘을 찾지 못하고, 생각보다 얕은 파도에도 커다란 파도에 휩싸이는 것처럼 느껴질 수 있다. '모든 모기를 코끼리로 만들지 말라'라는 독일 속담이 있듯, 내 몸과 마음이 약해지면 일상의 아주 작은 일에도 휘둘릴 수 있다. 우리 삶의 에너지를 긍정적인 방향으로 이끌기 위해서는 노력이 필요하다.

사람마다 자신만의 일상 루틴이 있다. 아침에 일어나 하루를 시작하고, 낮에는 활동을 하고, 저녁에는 하루를 마무리한다. 나에게도 루틴이 있는데, 그 루틴들이 삶을 평화롭게 유지시켜 주고 매일 작은 성취감을 느끼게 해준다. 아침에 공복으로 물 한 잔 마시고 사과 먹기, 오늘 해야 할 일 적기, 하루에 30분 걷기, 자기 전 15분 스트레칭하기, 하루에 한 끼는 건강한 음식 먹기, 일기 쓰기, 기도하기, 자기 전 평온하고 아름다운 음악 듣기 등이 나의 하루 루틴이다.

대부분의 시간을 꽃 일을 하며 보내고, 가족을 위해 음식을 만들며 집안일을 하고, 오후에는 아이와 놀이터에서 시간을 함께하거나 책을 읽어 준다. 이렇게 주어진 일상을 보내는 가운데 나를 돌보는 일들을 습관처럼 이어간다. 바쁜 날에는 루틴 중 일부를 지키지 못할 때도 있고, 여유로운 날에는 나를 위한 활동을 추가하기도 한다.

'해야만 하는 일'과 '하면 좋은 일'을 일상에서 꾸준히 실천하다 보면, 하루를 마무리할 때 오늘 보낸 하루가 더 의미 있게 다가온다. 누군가에게는 너무 평범할 수 있지만, 노력하지 않으면 지키기 어려운 일들이 나의 몸과 정신을 건강하게 만든다. 그리고 그런 루틴들이 지켜진 날은 성취감을 느끼게 된다. 작은 성공의 경험들이 쌓이면 자신감과 연결된다. 일이나 관계 등으로 지쳐 힘든 날에도 나만의 사소한 루틴은 일상이 무너지지 않도록 손을 잡아준다.

소국은 크고 화려하며 독특한 꽃들이나 줄기가 약한 꽃들을 든든히 받쳐준다. 작지만 소중한 순간들이 모여 하루를 채우는 것처럼, 일상 속 작은 루틴들은 나의 삶을 푸르고 건강하게 받쳐주는 소국 같은 존재이다. 이렇게 일상 속에서 나를 돌보아주는 루틴에 고마운 마음을 가지며, 오늘도 소국처럼 아름답고 활기찬 하루를 맞이하려 한다.

소국

억새
가을을 준비하는 자세

 가을이 오면 뜨거웠던 여름빛이 잔잔해지고, 초록의 산과 나무, 풀들이 점차 가을빛으로 물들어 간다. 여름에 비해 짧아진 가을 햇살은 주변을 따스하게 감싼다. 가을 단풍의 알록달록한 색감은 화려하면서도 왠지 쓸쓸한 느낌을 준다. 볕 좋은 날에 가만히 흩날리는 낙엽을 바라보고 있노라면, 머리와 어깨 위로 물감이 툭 떨어지는 것 같다. 가을에 만드는 나의 꽃 작품들도 계절을 따라 화사한 단풍과 빛바랜 낙엽의 색을 닮아간다.

 이러한 가을의 정취를 풍기는 식물 중 하나가 바로 억새이다. 가을꽃들의 은은한 색채와 율동감 있는 억새가 어우러지면 그 어느 때보다 아름답고 서정적인 가을 풍경이 된다. 9월에서 10월에 개화하는 억새는 공간 장식용으로 자주 사용되는 다년생 식물이다. 가을이면 작업실 산책로를 비롯하여 전국 어디를 가도 억새를 만나볼 수 있다. 억새의 줄기 끝에는 작은 이삭들이 촘촘히 달려 부채 모양을 이루고 있다. 바람에 움직이는 모습이 유려하며, 은빛이나 흰색을 띤 억새는 햇빛에 반사되어 반짝이는 윤슬을 연상케 한다.

 보통 억새와 갈대를 많이 혼동하는데, 이 둘은 비슷하면서도 다른 특징을 가지고 있다. 억새는 주로 산이나 들판에서 자라는 반면, 갈대는 주로 물가에서 서식한다. 또한 갈대는 갈색을 띠며 억새에 비해 키가 훨씬 크고, 꽃도 정돈되지 않은 거친 느낌으로 핀다. 둘 다 벼과에 속하는 식물이라 유사하게 보일 수 있지만, 자세히 보면 각자 고유한 아름다움을 지니고 있다.

억새

 숨 쉬는 것만으로도 더운 여름이 지나가고 선선한 공기와 함께 찾아오는 풍성한 수확의 계절인 가을은 축복과도 같다. 많은 이들이 가을의 아름다움을 즐기고 있지만, 나는 곧 다가올 추운 겨울을 걱정하느라 가을을 오롯이 즐기기가 힘들었다. 봄과 여름의 찬란한 빛과 무성한 초록, 울창한 나무, 갖가지 꽃들이 얼마나 아름다웠던가. 봄과 여름에 기대어 살아가고, 따스한 햇볕 아래 산책만으로도 큰 위로를 받는 나에게 겨울은 몸과 마음을 움츠리고 꽤 오랫동안 견뎌야만 하는 긴 시간이다. 그래서 겨울의 전조인 가을을 온전히 즐기기가 어려울 수밖에 없었다.

하지만 가을은 분명 아름답다. 꽃이 지나간 자리에서도 이토록 화려한 빛깔과 색감을 뽐낼 수 있다니. 가을 단풍과 낙엽들은 어떻게 그 생기 넘치는 색감을 지난 계절 동안 감추어둘 수 있었을까. 기다림에 애가 타지는 않았을까. 해가 늦게 뜨고 일찍 지기 시작하고 밤공기와 새벽 공기가 서늘해지는 순간, 겨울을 대비하는 마음의 준비를 한다. 가벼운 옷차림에서 포근한 옷으로 갈아입을 무렵이 되면 가을의 아름다움에 손에서 발끝까지 시린 듯하다.

꽃이 피고 지고, 열매가 맺혔다 떨어지고, 잎사귀도 말라 떨어지고 나면 다시 무(無)의 세계로 돌아간다. 삶은 이처럼 순환한다. 나에게 있어 그 순환의 과정을 받아들이는 첫 단추는 겨울이 아닌 가을이다. 무수히 떨어지는, 짙은 수채화 물감 같은 가을 낙엽을 바라보며 "꽃과 잎을 피워내고 열매까지 맺느라 애썼으니 이제는 겨울잠을 자겠구나." 하고 다독인다. 글을 쓰는 과정에 쉼표와 마침표가 있듯 삶의 여정에서 쉼은 필수이다. 나 자신에게도 쉬어가는 시간은 필요하다고 조용히 말해본다.

3장
마음의 숲

"꽃처럼 아름답고 예쁜 기억들만 잔잔히 떠오르기를"

나는 내 꿈속에서 살고 싶어

'Je veux vivre dans mes rêves. (나는 내 꿈속에서 살고 싶어.)'

이 글귀처럼 살고 싶었던 나는 그림을 그리는 친구와 함께 '꽃과 그림의 집'이라 불리는 작업실을 꾸몄다. 우리가 이곳을 고른 이유는 단순했다. 창문 너머로는 푸른 산이 보이고, 작업실 앞에는 돌다리가 있는 개천이 흐르고 있었다. 산을 마주하고 있어 계절의 흐름을 가장 잘 볼 수 있었고, 남향이라 사계절 내내 햇살이 좋았으며 담장이 낮은 한가로운 주택가 사이에 자리 잡고 있었다. 햇볕을 받아 반짝거리는 꽃은 황홀할 정도로 아름다웠다.

그 안에서 나는 꽃을 만지고 친구는 그림을 그렸다. 봄이 되면 우리는 산책을 하며 빛나는 계절을 마중 나갔다. 소풍을 온 듯 길을 걷다가 마음에 드는 장소를 발견하면 가져온 천을 깔고 앉아 숲에 둘러싸인 채 꽃을 만지고 그림을 그렸다. 서울이지만 시골 같은 정취의 동네에서 밤늦도록 꿈을 이야기하고 꿈같이 살았다. 좋아하는 일을 하며 돈을 번다는 것이 믿기지 않을 정도로 행복했고, 매일이 눈부셨다. 그렇게 영원히 행복하기를 바랐다. 작업실의 유리창에 새긴 '나는 내 꿈속에서 살고 싶어'라는 글귀는 우리의 작은 소망이었고 어느새 이곳을 방문한 사람들의 소망이 되기도 했다.

　시간이 흐르고 감사하게도 일이 많아졌다. 꽃 수업을 하고, 주문 상품을 만들고, 저녁에는 기업 강의도 했다. 꽃 일은 꽃 시장을 방문하는 새벽부터 시작하기 때문에 쉼 없이 하루 종일 일을 마치고 늦은 밤 미소가 사라진 채 집으로 돌아왔다. 남편과 대화할 여력도 없이 침대에 푹 쓰러져서 하루를 마무리하는 날이 늘어갔다. 휴대폰에는 밤낮없이 업무 문의가 이어졌고, 매일 다양한 사람들을 만나야 했다. 그러다 보니 에너지의 균형이 점차 깨지면서 건강이 나빠지기 시작했다. 게다가 꽃 일은 재료비인 꽃과 부자재 가격이 높기 때문에 일이 많다고 돈을 많이 버는 것이 아니었다. 가격대를 낮춘 강의나 판매를 할 때면 힘은 드는데 노력 대비 수익이 나지 않는 경우도 많았다.

　매일 반복되는 하루가 이어졌다. 이러다 내가 좋아하는 꽃이 싫어질까 두려웠다. 그때는 아이가 없었음에도 불구하고 이미 삶의 균형이 깨지고 있다는 생각이 들었다. 주로 작업실에서 소규모 꽃 수업을 하면서 마음의 안식을 담아 만들어냈던 꽃 작업이 점점 형식적인 일이 되어갔고 꽃에 마음을 담기 어려워졌다. 내가 좋아하는 일에 지치기 시작하였고, 처음 시작할 때 내게 위로가 되어주었던 꽃이 기억 속에서 점점 사라지는 느낌이 들었다. 아이가 태어나면서 몸과 마음의 여유는 더 없어졌다. 작업실을 같이 운영하던, 그림을 그리던 친구는 글을 쓰는 작가의 길에 집중하기 위해 작업실을 떠났다. 홀로 꽃 작업실을 운영하면서 내가 정말 원하는 방향이 무엇인지 고민했다.

좋아하는 일이 직업이 된다고 해서 누구나 행복해지는 것은 아니다. 일을 좋아했던 첫사랑의 마음을 유지하며 꾸준히 일하고 수익을 안정적으로 얻는 것은 정말 어려운 일이다. 혼자서 다양한 일을 처리하기가 벅차 점차 일을 정리하기 시작했다. 마지못해서 하게 된 작업은 몸에 맞지 않는 옷을 입은 듯 티가 날 수밖에 없었다. 그래서 내가 마음을 담아 즐겁게 잘 할 수 있는 일만 남겨두었다. 처음에는 고객에게 미안한 마음이 들기도 하고, 쌓아 온 경력을 생각하니 아쉽기도 했다. 하지만 모든 것을 다 잘 해낼 수는 없었고, 오히려 소수의 일에 최선을 다했을 때 수익도 더 좋아졌다. 가끔 학생들이 "선생님은 왜 일을 적게 하세요?"라고 물을 때가 있는데, 맡은 일에 온 열정과 시간을 쏟아부어 높은 완성도로 해내고 싶기 때문이라고 설명하곤 한다.

나는 여전히 내 꿈속에 살고 있다. 좋아하는 일을 하면서도 그것이 싫어지지 않도록 냉정과 열정 사이에서 균형을 유지하고 있다. 이 일이 단지 꿈으로만 끝나는 것이 아니라 현실 속에서 돈을 버는 직업으로 계속 이어갈 수 있도록, 보이지 않지만 부단히 노력하고 있다.

새벽의 시간

꽃 일을 시작한 후부터 나는 어둠이 깃들고 달빛이 반짝일 때 새벽을 여는 사람이 되었다. 새벽은 밤의 짙은 어둠이 사라지고 빛이 세상을 깨우는 시간이다. 대학생 시절 1교시 수업에 자주 지각을 할 정도로 잠이 많았고, 회사를 다닐 때도 왕복 3시간 거리를 출퇴근하느라 일찍 일어나는 것이 힘들었다. 아침 출근길에는 졸려서 더 자고 싶은 마음뿐이었고, 사람들이 가득한 지하철 안에서 잠시라도 눈을 감고 서서 잠을 청했다. 하지만 꽃 일을 시작하면서는 새벽 5~6시 사이에 기상하는 것이 습관이 되었다. 꽃은 생명체이기 때문에 싱싱한 꽃을 사려면 입고되는 날을 고려하여 일찍 꽃 시장에 가야 한다. 국산 꽃은 월요일, 수요일, 금요일 새벽에, 수입 꽃은 대부분 화요일 새벽에 들어온다. 그래서 국산 꽃은 월, 수, 금 중 필요한 일정에 맞춰서 구입하고, 수입 꽃은 화요일 새벽부터 수요일까지 미리 구입한다.

꽃봉오리를 사면 당일에 사용할 수 없으므로 전날에 사서 개화시키거나, 당일 사용할 꽃은 피기 직전인 것을 고른다. 차와 비행기를 타고 온 꽃은 운송 중 물을 먹지 못해 시들 수 있으므로, 구입 당일에 최소 3시간 이상은 물에 담가야 싱싱함을 되찾는다. 꽃 시장에서 꽃과 부자재를 구입하고, 작업실로 이동하여 꽃을 다듬고 물에 담가 싱싱해질 때까지 기다린다. 이 과정에 작업실을 청소하는 시간까지 더하면 자연스럽게 부지런해질 수밖에 없다. 학생들과 수업하는 시간이 대부분 오전이므로 수업 시작 전에 그 모든 과정을 마무리하려면 새벽부터 움직여야 한다.

평소 악몽을 잘 꾸지 않지만, 꾼 경우는 대부분 꽃과 관련된 꿈이었다. 새벽 꽃 시장에 꽃이 없어 계속 찾아도 보이지 않는 꿈, 시장 가는 길을 헤매 이상한 곳에 도착하거나 길이 휘어져 시장을 찾지 못하는 꿈, 꽃을 샀는데 작업실에 도착하니 시들어 있는 꿈 등 가끔씩 꾸는 나의 안 좋은 꿈은 대부분 꽃 시장에서부터 시작된다. 현실에서도 꽃 일에는 어려움이 많다. 꽃은 생명체이기에 부지런히 관리해야 하며, 새벽부터 움직여야 하기 때문에 수면시간은 늘 부족하고, 꽃과 부자재의 높은 가격으로 인해 큰 수익을 내기 어렵다. 또한 꽃은 재배 과정, 유통 과정, 날씨 등의 영향으로 쉽게 시들거나 손상될 수 있으며, 이는 오롯이 나의 손실로 이어진다.

그럼에도 불구하고 꽃은 내가 사랑하는 일이다. 꽃을 마주하며 행복감을 느끼고 살아있음을 실감하며 무엇보다 즐겁다. 10년째 졸린 눈을 비비며 피곤한 상태로 꽃 시장에 가도, 꽃향기를 맡으면 눈빛에 생기가 돌고 고단함을 잊게 된다.

꽃 일에 최선을 다하며 느끼는 충만함과 만족감은 고대 그리스 철학의 '에우다이모니아(Eudaimonia)' 개념을 떠올리게 한다. 에우다이모니아는 단순한 쾌락을 넘어, 자신의 잠재력을 최대한 발휘하고 의미 있는 삶을 통해 얻는 깊은 행복과 번영을 의미한다. 이는 '좋은'을 뜻하는 '에우(Eu)'와 '정신 또는 영혼'을 의미하는 '다이몬(Daimon)'의 합성어로, '진정한 자아실현'을 포함한 충만한 삶을 뜻한다. 아리스토텔레스는 이를 인간 삶의 궁극적 목표로 보았다.

인생은 생각보다 짧기에 더욱 소중하다. 하기 싫은 일에 얽매여 불만 속에서 시간을 보내기보다는, 하고 싶은 일을 하면서 매일 작은 좌절과 즐거움을 느끼며 살아가고 싶다. 차가운 공기가 가득한 새벽의 시간, 달빛 아래에서 고요하고 잔잔한 나만의 평화로움을 발견하듯이.

꽃의 안부

만물이 피어나는 봄이 되면 여기저기 피어난 꽃의 안부를 살피느라 걸음이 늦어지곤 한다. 앞만 보고 나아가기에는 놓치지 않고 바라보아야 할 아름다운 풍경이 너무 많다.

봄의 거리에는 매주 새로운 꽃의 축제가 열린다. 추운 겨울이 지나고 3월과 4월이 되면 마른 가지에 노란빛 산수유와 매화, 진달래, 개나리, 생강나무 꽃 등이 피어나 거리를 물들인다. 이어 하얀 목련이 피어나고, 분홍빛 구름이 만개한 듯한 벚꽃 시즌이 찾아온다. 꽃비 내리듯 분홍빛 벚꽃잎이 흩날리는 풍경은 마치 동화 속 그림 같아, 직진으로 가면 되는 길을 일부러 꽤 멀리 돌아가곤 한다. 봄바람에 흩날리는 꽃향기에 절로 콧노래가 나오는 계절이다.

꽃이 져도 또 무수히 새로운 꽃이 피어나는 봄. 3월과 4월에 벚꽃이 피고 지면 5월에는 보랏빛 라일락이 향기로운 꽃망울을 터트린다. 작업실 옆 건물 화단에 라일락 나무가 있어, 문을 열어두고 테라스에 앉으면 라일락 향기에 기분이 좋아졌다. 5월에서 6월 사이에 비가 내리고 나면 아까시나무(흔히 아카시아라고 불리는)의 꽃이 피는데, 낮보다 밤에 더 진한 아까시나무의 꽃향기를 맡기 위해 봄밤에 산책을 했다. 떨어진 꽃송이를 주워 작은 화병에 꽂아두니 작은 공간이 점차 향기로 물들어 갔다.

불두화

'작년에 피었던 모란은 올해도 피었을까?'
'와, 장미꽃이 피었네. 지난주에는 꽃봉오리였는데. 다음 주면 만개하겠구나.'
결국 골목 안쪽의 높은 담장 너머로 불두화까지 보고 다시 길을 나섰다. 작업실 옆 공원에는 이팝나무 꽃이 하늘에 매달려 있었다. 이제 곧 금계국이 거리를 황금빛으로 수놓을 것이다. 풀벌레 소리와 이름 모를 새소리를 들으며 발걸음을 옮기고 있는데, 주택 벽과 바닥 사이, 시멘트를 뚫고 나온 작은 풀꽃이 보였다. 생명의 힘이 느껴지는 순간이었다. 잠시 길을 멈추고, 땅속에서 힘겹게 고개를 내민 풀꽃이 바라보는 하늘은 어떤 모습일까 상상해 보다가 이내 미소를 지었다.
꽃의 시기는 매우 짧다. 매주 새로운 꽃이 피어나기에 짧은 안부를 놓치면 만개한 순간의 아름다움을 보지 못할 수 있다. 해마다 봄이 되면 휴대폰 사진첩에는 수많은 꽃과 풀의 사진들이 쌓인다. 언젠가는 사라질 생명들의 모습을 마음속에 꼭꼭 담아 기억해야지. 오늘 하루를 꽃처럼 마음을 다해 아름답게 살고 싶어졌다. 며칠간 무거웠던 어깨가 조금은 가벼워지고 발걸음에 리듬감마저 느껴진다. 오늘은 왠지 잘 보낼 수 있을 것 같은 느낌이 든다.

상처에서 피어나는 꽃

비 오는 날, 타닥타닥 빗방울 소리에 몸을 숨기며 우산을 기울여 걷는다. 빗소리에 온몸이 흔들린다. 귀 기울여 들어보면 자연 역시 가만히 울고 있다. 갓난아이가 우는 것처럼, 어린 아이가 사소한 일에도 세상 떠나가게 우는 것처럼. 삶에서 울음이란 당연한 것인데, 언제부턴가 어른들은 울음을 잃어버린 채 살아가는 것 같다.

단단해졌다고 생각하지만 여전히 사소한 일들로 무너지는 날들이 있다. 아직도 멀었다. 얼마나 더 낮아져야 마음의 뿌리가 튼튼해지고, 예상치 못한 어려움을 마주해도 의연할 수 있는 면역력이 생길까. 나는 지금 터널 속에 있다. 무엇을 해야 할지 모르겠고, 시간은 흐르고 나아지는 것은 없어 작은 아이처럼 숨죽이고 있다. 어느 날은 괜찮다가도 다른 날은 괜찮지가 않다. 삶의 무게를 감당하기가 버겁다. 매일 달라지는 마음속에서 나의 삶이 불안하게 흔들린다.

하지만, 비 오는 날 용기를 내어 빗소리에 한없이 쏟아내고 나면 슬픔이 가벼워진다. 비 온 뒤에는 풀이 무성해지고, 꽃이 피어나며, 아이를 닮은 어른들이 한 뼘 성장해 있다. 크고 작은 시련이 올 때는 그저 존재하는 것만으로도, 살아있는 것만으로도 충분하다.

꽃이 피기까지의 여정은 결코 쉽지 않다. 씨앗은 땅속 어둠과 겨울의 추위를 견뎌내야 비로소 꽃을 피울 수 있다. 식물은 이러한 역경을 통해 더욱 강인해진다. 추운 겨울 동안 다년생 식물들은 조용히 다가올 봄의 꽃을 준비한다. 바람에 흩날리는 꽃잎의 찰나적 아름다움 뒤에는 계절의 변화와 자연의 시련을 이겨낸 긴 인내의 시간이 숨어있다. 우리가 보는 화려한 꽃의 모습 이면에 길고 험난한 여정이 있듯이, 삶에 아무런 어려움이 없을 때 우리에게는 변화가 일어나지 않는다. 나도 결핍 없이 아이를 키우고 싶었지만, 그게 오히려 해가 될 수도 있다. 결핍이 사람을 성장하게 만든다. 너무 안전하고 편안한 환경은 마음이 단단해질 기회를 주지 않는다.

　돌이켜보니 삶에서 힘들었던 순간에 비로소 나는 자랐다. 사람에게 받은 상처로 인해 사람에게 지나치게 의존하지 않게 되었고, 어려움이 생겼을 때는 내 마음을 보살피면서 마음의 힘을 키웠다. 건강이 안 좋아지자 운동을 하고 식습관을 신경 쓰게 되었다. 하지만 나는 생각한다. 나에게 찾아온 어려움이 내가 감당할 만한 것이기를. 삶이 무너져 내리는 너무 큰 고통과 시련은 아니기를. 넘어져도 다시금 일어날 수 있는 결핍이기를. 상처 속에서 피어나는 꽃처럼, 어려운 과정을 통해 단단해진 내면에서 꽃처럼 아름다운 영혼이 피어나기를 소망한다.

마음을 전하는 일

　꽃 일은 사람과 사람 간의 마음을 전하는 일이다. 꽃 주문이 들어오면 고객과 상담하여 원하는 꽃을 파악하고, 시장에서 꽃을 구매한 뒤 가장 아름답게 활짝 피어난 순간에 맞춰 상품으로 만들어 전달한다. 꽃은 아름답지만, 그 뒤에는 많은 노력과 비용이 들어가 있다. 씨앗에서부터 꽃이 피기까지도 오랜 시간이 걸리고, 개화를 위한 온도, 습도, 빛 등 세심한 환경 조절과 해충 관리 같은 끊임없는 노력이 필요하다. 또한 꽃은 다른 상품에 비해 유통기한이 짧아 유통 과정에서 비용이 많이 들며, 해외에서 꽃을 수입하는 경우에는 관세, 운송비 등이 추가적인 비용 부담으로 작용한다. 계절에 따른 생산량 변화와 수요 증가로 인해 가격 변동도 발생한다.

　오늘날 꽃은 우리 삶의 일부로 자리 잡고 있지만, 과거에는 귀족만이 누릴 수 있는 특별한 존재였다. 꽃 재배 기술이 발달하지 않았고 품종도 적었던 과거에는 꽃을 키우는 데 지금보다 훨씬 많은 시간과 노력이 필요했다. 꽃은 부와 권력의 상징이었기 때문에 주로 귀족들이 자신의 사회적 지위를 나타내거나 예술적 감각을 표현하는 데 사용되었다. 또한 특별한 행사나 종교적인 의식에 사용되기도 했다. 고대 이집트와 로마에서는 종교의식과 축제, 장식용으로 꽃을 사용했고, 중세 유럽에서는 귀족들이 결혼식이나 장례식 같은 예식에서 꽃을 소비했다. 조선시대에도 꽃은 귀족 가문의 예술적 취미와 의식에서 중요한 역할을 했다.

하지만 현재는 재배 기술과 운송 기술의 발달로 꽃이 대중화되었다. 일반 사람들도 쉽게 꽃을 구할 수 있게 되면서 꽃은 일상 속에서 가까이 볼 수 있는 존재가 되었고, 우리 삶에 풍요로움과 아름다움을 더해주는 중요한 역할을 하고 있다.

꽃은 사람들에게 행복을 준다. 공간에 활기를 불어넣고 생명력을 더하는 것은 물론 소통의 매개체로서 사랑과 축하, 위로와 격려 등 다양한 마음을 전달하는 역할을 한다. 또한 작품의 소재로서 예술가들에게 영감을 불어넣고, 특별한 행사를 더욱 의미 있게 만들어주기도 한다. 플로리스트로 일하며 수많은 사람들의 이야기를 듣고 꽃으로 그들의 마음을 전하는 사람이 되었다. 자녀가 보낸 생일 꽃, 친구의 결혼식 부케, 프러포즈 장식, 임신 축하 꽃바구니, 돌잔치 꽃 장식 등 다양한 상황에서 사람들의 감정과 메시지가 꽃을 통해 전달된다.

꽃은 관리가 힘들고 비싸며 금방 시든다. 그럼에도 왜 우리는 꽃을 주고받을까? 오랜 시간과 수고 끝에 피어난 꽃의 '가장 아름다운 순간'을 함께 나누고 싶은 마음이 담겨있기 때문이다. 꽃 선물은 그 고운 마음을 전하고, 받는 이에게 기쁨과 감동을 선사한다. 이처럼 꽃은 사람들의 마음을 이어주고 행복을 나눌 수 있게 하는 소중한 매개체이다.

꽃은 짧은 생명 속에서 유한한 아름다움을 가지고 있다. 그 유한성이 꽃을 더욱 아름답게 만들고, 피어있는 짧은 시간을 소중히 여기게 한다. 그 아름다움은 찰나에 지나가지만 우리의 기억 속에 영원히 남는다. 꽃의 유한성은 우리의 삶과 닮아있다. 우리의 삶 역시 꽃처럼 영원하지 않고 언젠가 시들어 사라질 것이기 때문에, 꽃을 보면 현재의 소중함을 깨닫게 되고 남은 생을 아름답게 살고 싶어진다.

꽃을 선물하는 이들의 마음에는 꽃을 받는 것보다 더 큰 행복이 있다. 나의 일은 그 마음을 대신 전하며, 함께 설렘과 기대를 가지고 기뻐할 수 있는 일이다.

꽃의 시작과 소멸을 지켜보는 일

　꽃 수업을 하면서 무수히 많은 꽃의 처음과 마지막을 보게 된다. 꽃줄기에 여러 개의 꽃봉오리가 있는 버터플라이 라넌큘러스가 꽃을 피워 만개하고, 꽃잎이 떨어지면서 다른 꽃봉오리들이 차례로 피어났다 지기를 반복한다. 꽃봉오리였던 아네모네가 활짝 피어났다가 시들어가고, 튤립도 화려하게 꽃잎을 펼쳤다가 시간이 지나면서 그 화려함이 저물어간다.
　내가 하는 일은 꽃을 바라보기만 하는 일이 아니다. 서로 다른 나라와 계절에서 온 꽃들을 한곳에 모아 두는 일, 꽃들이 불편할 수도 있지만 최선을 다해 서로의 공간을 유지하며 각자의 고유한 아름다움을 펼칠 수 있도록 노력하는 일이다. 꽃은 피어나고, 시들고, 사라진다. 나는 꽃잎의 맥이 살아있는 가장 아름다운 순간에 그들을 모아서 그림을 그리듯 꽃을 꽂는다. 꽃이 긴 여정을 마치고 소멸하기 전에, 그 마지막 모습을 기록으로 남겨 오래도록 기억한다.
　나에게도 만개한 순간이 있었을까? 그 순간이 이미 지나갔을까, 아니면 아직 오지 않았을까. 꽃들은 저무는 마지막 순간까지 활짝 웃는 듯하다. 꽃의 짧지만 아름다운 일생을 기록으로 남겨 그 환한 미소를 세상에 전한다. 꽃이 살아온 여정을 기억하고, 그 아름다움을 누군가에게 대신 전하는 것이 마치 나의 사명인 것처럼.

꿈꾸는 습관

꽃 수업을 하면서 정말 수많은 사람들을 만났다. 가벼운 취미 클래스부터 기업 강의까지, 9년 동안 다양한 꽃 수업을 통해 만났던 사람들의 수는 헤아릴 수 없다. 그중에서도 한 분의 이야기는 지금도 생생하게 기억한다. 창업 클래스 마지막 수업 날, 각자의 작품을 만들고 이야기를 나누는 시간이었다. 그분은 대학생인 두 자녀가 있다고 말씀하셨다. 지금까지 남편과 자녀들을 챙기느라 자신에 대해 생각할 여유가 없었지만, 아이들이 자라면서 비로소 자신을 돌아볼 수 있는 시간을 가졌다고 하셨다. 그분의 버킷리스트 중 하나가 바로 내 수업을 듣는 일이었다고 했다. 누군가의 버킷리스트에 내 수업이 있다는 사실에 깊은 감동과 감사함을 느꼈다.

그리고 그 순간, 나 역시 나 자신을 돌아보게 되었다. 중학생 시절 친구들이 선생님, 대기업 직원, 의사 등 다양한 꿈을 이야기할 때, 난 시인이 되고 싶었다. 책을 좋아해서 문학반에 등록했고, 혼자 사색에 빠지는 것을 좋아했다. 심지어 어느 날에는 책을 보다가 새벽 4시까지 잠을 못 이룬 적도 있었다. 하지만 국어 선생님께 시를 보여드리고 혹독한 평가를 받은 후, 시인이 되고 싶다는 바람을 접었다. 그 이후로는 크게 꿈을 꾸지 않았다. 간절히 바라는 것도 없었고, 무언가가 되지 않아도 괜찮았다. 대학교 입학, 졸업, 입사… 모든 것이 자연스럽게 흘러갔다.

　그러다 20대 중반, 처음으로 꿈에 대해 진지하게 생각하게 되었다. 처음 회사에 입사한 지 얼마 되지 않아 일이 적성에 맞지 않는다는 생각이 들었고, 그 시기에 사람에게 상처를 받기도 하면서 삶이 흔들리기 시작했다. 그때는 그저 일상을 유지하기 위해, 살아가기 위해 무언가를 해야 했다.

　회사 근처의 꽃꽂이 학원에 등록한 것은 삶의 방향이 바뀌는 계기가 되었다. 마음 머무를 곳이 필요했던 나에게 꽃은 작은 숲이 되어주었다. 마음이 힘들 때마다 꽃을 배우며 위안을 얻다 보니 5년이 흘렀다. 그 당시 나의 꿈은 프랑스 파리에서 잠시라도 살아보는 것이었다. 마음속에 간직해 왔던 꿈이지만 현실을 고려해 봤을 때, 꿈을 이룰 것이라고는 생각하지 못했다.

　6년 차가 되던 해, 회사에서 대리로 승진을 했다. 모든 것이 안정적이라고 생각하던 그때 나는 회사를 그만두고 파리로 떠날 계획을 세웠다. 더 늦으면 못 할 것 같았다. 이런 내 결정을 걱정하는 사람들도 있었고 응원하는 사람들도 있었다. 살면서 처음으로 혼자 떠나는 여행이 파리라니, 나에게도 설렘과 두려움이 공존했다. 우여곡절 끝에 에어비앤비로 작은 아파트를 구하고, 드디어 파리에서의 하루를 시작했다.

파리에서의 일상은 단순하지만 행복했다. 아침에 눈을 뜨면 숙소 근처 빵집에서 현지인들 틈에 섞여 빵을 먹고, 튈르리 정원을 홀로 산책한 뒤 꽃 수업을 갔다. 꽃 수업이 끝나면 발길 닿는 대로 거리를 걸으며 파리의 매력을 온몸으로 느꼈다. 9월의 파리는 늦여름과 초가을의 경계에 있어서 해가 점점 짧아지고 있었지만, 여전히 늦은 오후까지 산책을 즐길 수 있었다. 홀로 미술관을 가기도 하고, 센강 부근에 앉아서 책을 읽으며 여유로운 시간을 보내기도 했다. 마치 거대한 박물관 속에서 살아가는 듯한 착각이 들 정도로 파리의 모든 순간이 신비롭고 행복했다. 그렇게 나는 꿈꾸던 일상을 보냈다.

그 이후에도 나는 계속해서 꿈꾸는 습관을 이어갔다. 현실과 동떨어진 공상이 아닌, 현실에 기반하면서도 노력 없이는 이루기 어려운 꿈을 꾸는 연습을 했다. 나만의 작은 작업실을 가지는 것, 제주도에서 한 달 동안 살아보는 것, 책을 쓰는 것, 아이를 갖는 것. 그렇게 계속 꿈을 꾸었고, 또 꿈을 이뤘다. 어떤 이에게는 쉬워 보일 수도 있고, 또 어떤 이에게는 현실에 갇혀 상상조차 할 수 없는 일일지도 모르겠다. 실제로 내가 아이를 갖는 꿈을 이루기까지 5년이라는 시간이 걸렸다. 생명이 쉽게 찾아오지 않은 만큼 애가 타고 속상했지만, 그 전에 작업실을 열고 책을 출판할 수 있는 기회가 먼저 찾아왔다.

돌이켜보면 꿈을 이룬 순간보다는 꿈을 향해 나아가는 과정에서 더 큰 행복을 느꼈다. 꿈을 꾸지 않았고 바라는 것이 없었던 학창시절과 달리, 20대 중반에 꿈을 꾸면서 삶의 방향이 내가 바라보는 시선에 따라 움직인다는 것을 알게 되었다. 꿈을 향한 노력은 단순히 목표를 달성하기 위한 것만이 아니라 내 삶을 의미 있게 만들어주는 과정이었다. 지금 내 마음속에 가득 찬 것은 무엇일까. 만약 건강에 대한 생각이 가득하다면 매일 몸에 좋은 음식을 먹고 꾸준히 운동할 것이고, 공부에 대한 열정이 가득하다면 눈을 뜨자마자 공부를 시작할 것이다. 어떻게 하면 꿈을 이룰 수 있을지 알아보고 시도할 것이다. 내가 원하는 것을 마음속에 간직하고 꾸준히 나아가다 보면 기회가 왔을 때 놓치지 않을 수 있다.

지금 나의 꿈은 소소하지만 소소하지 않다. 우리 가족과 사랑하는 사람들이 모두 크게 아프지 않고 건강해지는 것, 아이가 사랑받고 사랑하며 살아가는 것, 마음의 평화를 얻는 것, 있는 힘껏 사랑하는 것, 내려놓아야 하는 것은 내려놓는 것, 앞으로도 마음이 즐거운 일을 하면서 살아가는 것, 내면이 건강한 사람이 되는 것, 그리고 일상에서 감사한 마음을 가지고 삶을 긍정적인 방향으로 이끌어가며, 평범한 나날 속에서 행복해지는 것이 나의 소망이다. 몸은 낡아가지만 내면은 항상 새롭기를. 꿈꾸는 습관에도 노력이 필요하다.

기다림에 지쳐 겨울잠을 자고

언젠가 이런 생각을 했다. 삶은 기다림의 싸움이 아닐까? 아무리 노력해도 당장 눈앞에 결과나 길이 보이지 않을 때, 그때는 그저 기다리는 것밖에 할 수 없다. 계획을 세우고 정해진 기간 안에 무언가를 성취해야 하는 계획적인 삶을 살아온 나에게, 기한을 알 수 없는 막연한 기다림은 답답하고 숨 막히기도 했다.

하지만 자연을 세심히 살펴보면 모든 존재가 기다림의 시간을 거치고 있음을 깨닫게 된다. 매미는 세상에 나오기 위해 땅속에서 오랜 시간을 보내고, 나비는 나비가 되기 전에 애벌레와 번데기의 시절을 거친다. 꽃은 겨울의 눈과 바람, 이슬을 온몸으로 견뎌낸 후에야 꽃을 피울 수 있다. 인간도 마찬가지이다. 아이는 이 세상에 태어나기 위해 태내의 어둠의 시간을 묵묵하게 기다려야 하고, 엄마는 아이를 품에 안기까지 열 달을 기다려야 한다. 이처럼 우리 모두가 서로 다른 기다림의 시간을 가지고, 각자 자신만의 터널을 통과하면서 견뎌내야만 하는 것이다.

그 기다림의 시간을 견디고 나면 알게 된다. 나를 일으켜 세운 건 무언가를 성취하는 순간이 아니라 바로 그 막막한 기다림의 시간 자체였다는 것을. 삶은 수직선이 아닌 오르막과 내리막이 있는 길이고, 파도처럼 올라가고 내려가다가 오랫동안 멈추는 시기도 있다는 것을. 오르막만이 의미 있는 시간이 아니라, 내리막과 정체기 또한 우리에게 필요한 시간임을 깨닫게 된다.

내가 어찌할 수 없는 기다림의 계절이 오면 겨울잠을 자듯 조용히 기다린다. 여전히 기다리는 일이 가장 어렵지만, 그 시간 동안 내면을 돌아보려 노력한다. 잎을 떨군 나뭇가지가 봄을 기다리듯, 기다림 속에서 삶이 무너지지 않고 조금은 덜 아프고 건강하게 나의 일상을 이어갈 수 있기를 바랄 뿐이다.

불면의 밤

눈을 감아도 잠이 오지 않는다. 자려고 노력할수록 어둠 속에서 안 좋은 기억들이 떠올라 나를 괴롭힌다. 답답함에 거실로 나가 스트레칭을 하고 명상을 해 본다. 따뜻한 물을 마시고, 책을 보다가 마지막에는 기도를 하며 마음을 가라앉힌다. 잔잔한 음악을 틀어 다시 잠을 청하지만, 결국 불빛조차 찾아보기 어려운 깊은 밤이 되어서야 지쳐 잠이 들고, 해가 뜨기 전 새벽에 눈이 떠진다.

삶에서 마음의 고통은 사라지지 않는다. '그 문제만 해결되면 좋겠다'라고 생각하지만, 하나의 어려움을 극복하고 나면 마치 기다렸다는 듯 매번 다른 새로운 문제가 터진다. 크고 작은 고통은 늘 우리 곁에 존재하며, 고통이 사라지는 순간이 있다면 아마 우리가 소멸하는 순간일지도 모르겠다. 하지만 어려움의 시간을 통과하고 나면 비로소 우리는 조금씩 단단해진다.

오랜 시간 잠을 이루지 못할 때가 있었다. 밤마다 떠오르는 불안과 걱정은 대부분 나약한 나의 정신 탓으로 귀결되었고, 나는 화살을 스스로에게 돌려 자책했다. 나에게는 내가 제일 탓하기 좋은 사람이었다.

아직 사람들의 하루가 시작되기 전인 새벽, 나는 매일 산책을 했다. 그 당시 내가 할 수 있는 유일한 노력이었다. 아무도 없는 새벽 거리를 홀로 걷고 또 걸었다. 적막함과 고요함 속에서 하루는 울고, 또 다른 하루는 희망을 꿈꿨다. 새벽 공기를 마시며 밤새 깊었던 달이 점차 희미해지고 해가 뜨는 모습을 보기도 했다. 빛이 닿으면 반짝이는 잎사귀, 풀벌레 소리, 향기롭게 피고 지는 꽃들까지, 자연의 아름다움에 자주 위로받았다. 그렇게 표류하는 혼자만의 시간 속에서 나는 다친 마음을 여러 번 토닥였다. 무수히 많은 토닥임 속에 시간은 흘렀고, 점차 새벽 산책을 가지 않게 되었다.

시간이 지나 다시 잠을 이룰 수 있었고, 몸도 마음도 많이 회복되었다. 하지만 가끔 마음이 힘들거나 생각의 정리가 필요할 때, 잠시라도 혼자만의 시간이 간절해지면 모두가 잠든 새벽에 나만의 시간을 갖는다. 가족들이 깨지 않도록 조용히 몸만 빠져나와 홀로 산책을 한다. 혼자이지만 혼자가 아니다. 내 곁을 둘러싼 자연으로 위로받고 충만하게 집에 돌아온다. 나에게 새벽이란 멈추고, 기다리고, 생각하고, 다독임을 받아 다시 일어설 수 있는 그런 시간이었다. 오늘도 나는 무탈하고 고요한 새벽을 보내고 있다.

꽃으로부터

꽃 일을 시작하면서 나의 삶은 하나의 꽃으로 피어났다. 오랫동안 마음에 품어온 일이었기에, 돌이켜보면 꼭 무엇이 되려고 하기보다는 꽃과 함께하는 과정에서 행복을 느꼈다. 꽃 시장에서 재료를 구하느라 분주히 돌아다니는 시간부터 머릿속으로 수없이 그렸던 스케치가 꽃 작품으로 완성되는 순간까지, 꽃은 나에게 끊임없는 기쁨과 희열을 느끼게 해주었다. 이토록 집중할 수 있는 일이 있다는 사실에 감사하며, 처음으로 몰입에 대한 즐거움을 느꼈다.

꽃 일을 하며 수많은 계절이 흘렀고, 내 마음에도 꽃과 사람의 계절이 새겨졌다. 고객들에게 꽃으로 행복을 전하고, 학생들에게 꽃을 가르치며 다양한 이야기를 나누었다. 함께 성장하는 모습을 지켜보는 시간 속에서 나의 마음은 점점 더 따뜻해졌다. 꽃을 매개로 만난 새로운 사람들과 꽃이 없었다면 만나기 어려웠을 소중하고 다양한 인연들, 그들과의 만남으로 인해 나의 꽃과 삶은 한층 더 풍부해지고 깊어질 수 있었다.

물론 울고 싶은 날도, 불안한 나날도 많았다. 빛이 있으면 그림자가 있듯, 행복만큼이나 불행이 찾아오는 것도 당연했다. 일이 잘 풀리지 않거나, 오해를 받거나, 편견을 가진 타인의 시선으로 인해 감정적인 어려움을 겪기도 했다. 하지만 두려움 때문에 멈추어 있을 수는 없었다. 모든 이를 만족시킬 수 없고, 모두에게 사랑받을 수는 없다는 것을 깨달았다. 어릴 때 엄마가 해주신 말씀이 있다.

"너는 나무와 같단다. 가지들은 네가 만나는 수많은 인연들이야. 뿌리가 깊으면, 강한 바람에 가지가 흔들려도 넘어지지 않고 굳건히 설 수 있어. 그리고 잊지 마라, 그 나무의 중심은 바로 너 자신이란다."

가끔 들려오는 수많은 소리와 생각들이 나를 힘들게 할 때가 있다. 타인의 생각과 견해가 너무 강해져 나무의 중심을 내어주게 되면, 나를 잃어버리게 된다. 비가 오거나 바람이 불어도 나무의 뿌리만큼은 흔들리지 않아야 한다. 그들은 나의 삶을 대신 살아주지 않으며, 나의 마음과 내가 살아온 삶을 가장 잘 아는 것은 바로 나 자신이다.

꽃은 오랜 시간 앓고 나서야 활짝 핀다. 우리 역시 매일 앓는 가운데 살아가는 것일지도 모른다. 바람과 비에 수없이 몸살을 앓다 보면 언젠가 아름다운 꽃이 피어나겠지. 우리는 지금 꽃을 피우는 중이다.

잃어버린 영혼

"누군가 위에서 우리를 내려다 본다면, 세상은 땀 흘리고 지치고 바쁘게 뛰어다니는 사람들로, 그리고 그들을 놓친 영혼들로 가득 차 보일 거예요…."

– 『잃어버린 영혼』, 올가 토카르추크 글, 요안나 콘세이요 그림

그림책 보는 것을 좋아한다. 때로는 글로 다 표현할 수 없는 마음의 언어를 담은 그림책을 보며 위안을 받곤 한다. 그 중 『잃어버린 영혼』은 내가 좋아하고 아끼는 책이다.

책에는 일을 아주 많이, 빨리 하는 평범한 한 남자가 나온다. 그는 가끔 주위가 이상할 정도로 빠르게 돌아가는 듯한 기분이 들었다. 출장을 떠나 있던 어느 날, 한밤중 잠에서 깬 그는 숨이 막힐 것 같은 기분에 휩싸였고, 여기가 도대체 어디인지, 자신이 어디서 왔는지, 심지어 자신의 이름조차도 기억나지 않았다. 몸속에 어떤 사람도 없는 것 같은 느낌이었다.

다음 날, 그는 현명한 의사를 찾아가 자신의 경험을 이야기했다. 의사는 그의 이야기를 듣고 설명을 시작했다. 의사의 설명에 따르면, 영혼이 주인의 빠른 속도를 따라갈 수 없어 혼란이 벌어졌다는 것이었다. 이로 인해 영혼은 방향을 잃고, 사람은 마음의 평화를 찾지 못하게 된다고 했다. 영혼들은 자신의 주인을 잃었다

는 것을 알지만 사람들은 영혼을 잃어버렸다는 사실을 깨닫지 못하는데, 이는 영혼이 움직이는 속도가 육체보다 훨씬 느리기 때문이었다. 마지막으로 의사는 자신만의 장소에서 영혼을 기다리는 것 외에는 다른 방법이 없다고 설명을 마무리했다.

　진단을 받은 남자는 도시 변두리에 작은 집을 구해 매일 자신의 영혼이 돌아오기를 기다렸다. 수많은 날들이 지나갔고, 어느 오후에 문 두드리는 소리가 들렸다. 문을 열어 보니 그의 앞에는 잃어버린 영혼이 서 있었는데, 영혼은 지치고 더러워져 있었으며 여기저기 상처가 나 있었다. 그때부터 남자는 영혼이 따라올 수 있는 속도로 행동하며 조심스럽게 지냈고, 그들은 오랫동안 행복하게 살았다.

　초반에 책의 그림은 삭막했고 색이 없었지만, 영혼과 남자가 만나면서 점차 색이 덧입혀지고 마지막에는 울창한 정원이 된다. 책을 덮고 나는 한동안 멍하니 있었다. 마치 책이 "당신의 영혼은 안녕한가요?"라고 질문하는 것 같았다.

　책 속의 남자는 바로 우리들의 모습일 것이다. 우리는 모두 각자의 자리에서 최선을 다하며 살아간다. 누군가는 공부에 전념하고, 누군가는 가정을 꾸리며 육아에 매진하고, 또 누군가는 사회에 나가 직장생활을 한다. 매일 바쁘고 성실하게 살아가지만, 해야 할 일들에만 집중하다 보면 정작 자신의 내면을 돌아볼 여유를 잃기 쉽다. 내 마음이 어떤 상태인지 돌아볼 겨를조차 없이 시간이 흘러간다. 그러다 어느 순간 이렇게 생각하게 되는 날이 올 수도 있다. 그동안 열심히 살아온 것 같은데 남은 게 없는 것 같고, 나는 누구이며 무엇을 하고 있는지, 내 마음이 앞으로 어떻게 하고 싶은지도 모르겠다고.

　무조건 열심히 살아가는 것만이 중요한 것은 아니다. 단순히 주변 환경에 휩쓸려 살아가는 것이 아니라, 내 영혼의 속도에 맞추어 걸을 때 비로소 완전한 내가 되어 삶에서 주체 의식을 가질 수 있다. 나도 그랬다. 앞으로 무엇을 해야 할지 몰랐고, 알 수 없으니 그저 열심히 살았다. 그 방법밖에 없었으므로. 겉보기에는 잘

살아가는 것 같았지만, 돌이켜보면 그때 내 마음은 힘들었던 것 같다. 이유는 알 수 없었다.

   결국 삶의 방향을 정해야 하는 순간이 오자 나는 가던 길을 멈췄다. 방향을 정하지 않으니 나아갈 수 없었고, 그렇게 동굴 안에 들어가 밖으로 나오지 않았다. 그때 난 동굴에서 봄을 꿈꿨다. 추운 겨울이 오면 할 수 있는 일은 겨울잠을 자며 봄을 기다리는 것뿐이었다. 꿈속에서는 계절에 상관없이 무엇이든 할 수 있었다. 어두움 속 긴 잠에서 깨어나 보니 봄이 찾아와 있었다. 동굴에서 나와 산과 들판, 강을 바라보며 내가 선택한 길을 묵묵히 걸어갔다.

   사실 이 방향이 맞는지는 알 수 없었고, 무조건 내가 선택한 길을 완주해야 한다고 생각했을 때는 두려움에 발걸음을 떼기 힘들었다. 하지만 방향을 잃어버리면 멈추거나 돌아가도 된다고 생각하니 마음이 편안해졌다. 울퉁불퉁한 길이어도 괜찮고, 가다 힘들면 쉬어가도 된다. 영혼의 속도에 맞춰 걸어가며, 내 마음을 담아 선택한 길이라면.

마음의 쉼표

    꽃 일을 시작한 뒤로 출산 시기 몇 개월을 제외하고는 꾸준히 일했다. 처음에는 돈을 많이 벌지 않아도, 좋아하는 일을 할 수 있다는 것만으로도 매일 행복하고 감사했다. 매주 꽃 시장에서 계절의 아름다운 꽃들을 보고, 그 아름다움을 사람들과 함께 나누는 것만으로도 충분했다. 다양한 작업을 경험하고 새로운 사람들을 만나면서도 여전히 꽃이 즐거웠고, 나의 꽃 작업이 성장하는 모습을 보며 성취감도 들었다. 온종일 꽃 생각에 빠져있을 정도로, 5년 가까이 꽃과 깊은 사랑에 빠졌다.

    하지만 아이를 낳고 나서 모든 것이 변했다. 내가 상상했던 것보다 훨씬 더 많은 사랑과 에너지가 아이에게 흘러갔다. 나의 꽃 작업은 다양한 스타일을 융합하며 끊임없이 변화하는 세상에 발맞추어 계속 성장만 할 것 같았는데, 그저 유지만 하는 것도 생각보다 어려웠다. 하지만 꽃 일과 육아, 둘 다 놓치고 싶지 않았다. 아이의 유아기는 다시 돌아오지 않기에, 일을 줄이고 육아에 시간을 더 쏟았다. 일과 육아를 병행하다 보니 늘 고민하게 되었고 양쪽 모두 부족하다고 느껴지는 때가 많았다.

    어느 순간부터 나는 잠을 제대로 자지 못하고 있었다. 아이가 오랫동안 새벽마다 깨서 깊은 잠을 못 잤던 것도 있지만, 아이가 점점 자라나면서 생긴 육아의 방향성에 대한 고민 때문이기도 했다. 다양한 육아 서적과 강연을 참고하며 공부하고, 또 다양한 꽃 디자인 속에서 나의 정체성과 미래를 고민할 수 있는 시간은 새벽밖에 없었던 것 같다. 일과 육아로 이미 몸은 지쳤지만 수많은 고민으로 인해 나는 3년 넘게 불면의 밤을 보냈다.

새벽마다 꽃 시장에 다녀오고 오전부터 낮까지 일을 하고, 늦은 점심 후 오후부터 밤까지는 아이와 시간을 보냈다. 일하는 시간을 줄였지만 작업실을 홀로 운영하다 보니 처리해야 할 업무가 쌓여 퇴근 후에도 일이 끝나지 않는 기분이었다. 당시에는 아이가 매일 밖으로 나가고 싶어 했기에, 하루에 약 5시간씩 야외활동을 하면서 자연을 만나게 해주기도 해야 했다.

늦은 밤 아이를 재운 후 거실에 앉아 있는데 문득 나 자신이 소진된 것 같은 느낌이 들었다. 꽤 오랜 시간 머릿속이 꽃과 아이로 가득해서 나 자신은 사라져버린 채 번아웃에 빠진 것이었다. 건강도 나빠지고 있었기에 매일 반복되는 생활에서 벗어나야겠다는 생각이 들었다. 다행히 아이는 세 돌이 되자 기적처럼 밤잠을 자기 시작했고, 나는 일을 쉬기로 결심했다.

우선 쉼 없이 걸어온 나를 보듬어 줄 시간이 필요했다. 3년 가까이 제대로 잠을 자지 못했기에 수면을 회복하는 데에도 꽤 오랜 시간이 걸렸다. 그동안 하지 못했던 혼자만의 산책을 하고, 건강한 식재료로 요리를 하며, 아이와의 놀이 시간에는 마음을 다해 함께 즐겁게 놀았다. 한쪽에 힘을 빼니 다른 쪽으로 에너지를 집중할 수 있었다. 비로소 내 삶에 여유가 생겼다.

인생에도 악보처럼 쉼표가 필요하다. 마치 꽃봉오리가 조용히 피어날 준비를 하듯, 겉으로는 아무것도 하지 않는 것처럼 보이더라도 우리 내면의 성장을 위한 시간이 필요하다. 이 쉼표의 시기는 사람마다 다를 수 있지만, 그 시기 동안 우리는 눈에 보이지 않는 변화를 겪으며 앞으로의 삶을 위한 에너지를 축적하게 된다. 자신을 돌보고 성장을 경험하는 과정 자체가 우리 삶에서 중요한 단계인 것이다.

새벽 꽃 시장에 갈 때 아기가 깨지 않을까 조심스레 문을 열었던 새벽 시간도, 아이를 위해 아침 식사를 준비하고 무엇을 하며 놀지 고민하며 조급함 없이 함께 보냈던 아침 시간도 모두 소중하다. 다시 바빠질 날이 오기 전, 부지런히 몸과 마음을 가꾸고 때로는 아무것도 하지 않는 여유도 만끽하며, 아이와 나란히 누워 지금을 오롯이 즐기는 시간. 견디기만 했던 때가 지나고, 아이와 나태하게 보내는 지금 이 시간이 우리의 삶을 보살펴주고 있다.

꽃들도 겨울이라는 회복의 시간을 보내듯, 지금 나는 쉼과 온기로 겨울의 계절을 통과하고 있는 중이다.

바다의 소리

꽃 수업을 하면서 즐거웠던 시간 중 하나는 꽃을 주제로 서로 대화를 나누는 시간이었다. 기초를 탄탄히 다지는 체계적인 꽃 수업과 달리, 좀 더 자유로운 성격의 디자인 클래스는 꽃을 통해 소통하며 자신의 내면의 소리에 귀 기울여 볼 수 있는 시간이다. 디자인 클래스는 매번 다양한 주제로 진행되었는데, 3월에는 '계절의 소리'를 큰 주제로 정해 '봄의 팔레트, 초록의 인사, 바다의 소리, 나의 정원'으로 커리큘럼을 구성했다.

'바다의 소리'를 주제로 한 날, 우리는 먼저 각자 바다를 떠올리며 간단한 스케치를 한 후 꽃으로 센터피스를 만들어보기로 했다. 작업이 끝난 뒤에는 서로의 생각을 나누는 시간을 가졌다. 이 시간에는 바다와 관련된 추억이나 여행 이야기를 들려주기도 했고, 자신을 닮았다고 생각하는 꽃이나 작품에서 강조하고 싶었던 꽃에 대해서도 이야기했다.

한 분이 앞으로 나와 이야기를 시작했다. 아들이 장성하여 성인이 되었고, 이제는 그 아들의 아이를 돌봐주고 계신다고 했다. 바다에 대한 기억으로, 아들이 4살일 때 바다로 가족 여행을 갔는데, 아이들이 바다 앞에서 뛰어노는 모습을 남편과 함께 지켜보았던 장면이 떠올랐다고 하셨다. 돌이켜보면 그때가 인생에서 가장 행복했던 시간이었다고 말씀하셨다. 이야기를 나누는 동안 그분의 눈빛은 반짝였고 입가에는 미소가 어렸다.

  4살 아이를 키우던 내게 그 말씀이 오래도록 마음에 남았다. 세월이 흐른 뒤에 돌아보면, 지금 지나고 있는 이 순간이 잊지 못할 가장 소중한 시간이 아닐까. 나는 오늘도 육아와 일상을 반복하며 그 소중함에 감사하기보다는 힘들다고 생각하지 않았나.

  아이는 하루에도 수없이 엄마를 찾는다. 낯선 세상에 태어난 아이에게 엄마가 많이 필요한 시기인 것이다. 그동안 나는 아이를 위하느라 편히 잠도 자지 못했고, 하고 싶은 일들은 멈추었고, 친구들을 만나는 것도 제한적이었으며, 여유로운 식사 시간조차 없었다. 그만큼 여유 시간이 줄어들어도 아이를 사랑했기에 기꺼

이 견딜 수 있다고 여겼다. 그러나 견뎠다고 여긴 건 나의 착각이었다. 오히려 아이의 사랑은 내가 예상했던 것보다 더 컸다. 24시간 내내 엄마와 붙어있고 싶어 할 만큼, 엄마라는 존재가 아이에게는 전부였다.

　아이는 수시로 엄마에게 "사랑해."라고 말한다. 갑자기 엄마를 꼭 안으며 '엄마를 사랑해서 그랬어."라고 한다. 하나 남은 쿠키도 망설이지 않고 나주며 눈빛을 반짝이며 웃는다. 누가 나를 이토록 별을 보듯 바라보고, 매일 안아주며 사랑한다고 말해주는가. 있는 그대로 사랑받는 기분이다. 나는 아이에게 무한한 사랑을 주고 있다고 생각했지만, 사실 내가 더 많이 받고 있었다. 내가 아이를 안아주는 것 같았지만 아이가 나를 안아주고 있었고, 아이가 나에게 기댄 것 같지만 내가 아이에게 기대고 있었다.

　아이를 만나기 전에는 나 하나를 감당하기도 힘들었지만, 아이를 만나고 나니 어느새 아이가 나의 삶을 단단하게 지켜주고 있었다. 물론 힘든 순간도 있었지만, 아이와 함께하는 동안 나는 새로운 나를 발견하게 되었다. 때로는 시인이 되어 아이의 맑은 웃음소리와 작은 손가락의 귀여움을 운율에 실어 시로 표현했다. 또 다른 날엔 화가가 되어 아이와 함께 크레파스로 그림을 그리며 상상의 세계를 만들어갔다. 음악가로 변신해 아이에게 즉흥적인 자장가를 불러주거나, 주방 도구들로 재미있는 연주를 하며 함께 웃음꽃을 피우기도 했다. 이 시기가 지나가고 사랑의 모습이 달라질지라도 결코 잊을 수 없는, 아이와의 맑은 사랑의 순간들이 켜켜이 쌓여가고 있다.

익숙한 불안

 불안의 근원은 어디에 있는 것일까? 나는 불안과 평온 사이에서 늘 아슬아슬하게 서 있었다. 바람이 불면 어지러워 주저앉는 나약한 동물이 되었다가도, 아침이 되어 찬란한 빛을 받으면 무엇이든지 할 수 있을 것 같았다. 어느 순간 궁금해졌다. '나는 어떤 사람이고 어디를 향해 나아가야 하는가?' 사람들을 바라보니 겉모습은 어른이지만 마음은 아이 같았다. 미처 다 자라지 못한 채 어른의 모습을 하고 어른의 옷을 입고 살아가는 모습들이 슬펐다.

 나의 불안은 밤마다 찾아와 생각의 꼬리를 물고 마음을 어지럽혔다. 그럴 때면 눈을 감고, 내 마음을 오롯이 따라가며 지나온 발자취를 되짚어보고 미완성인 나의 인생을 떠올렸다. 나는 불안한 세상에서 주관을 가지고 길을 나아가다 바람을 만나면 흔들리곤 했다. 어두운 생각이 떠오르다가 이내 사그라들었다. 부정적 감정에 매몰되어 그 생각에 휘둘리면, 그래서 너무 힘들면 이렇게 생각이 충분히 흘러가도록 내버려 두었다.

 불교 명상에서 자주 사용하는 비유가 있다. "구름이 푸른 하늘을 가로지르며 지나가듯, 생각도 그렇게 지나가게 하십시오. 구름이 머물러 있지 않고 흘러가듯, 생각에 주의를 기울이지 마십시오." 이 비유는 명상의 핵심 원리를 잘 설명해준다. 생각은 우리가 붙들지 않으면 자연스럽게 사라지며, 영원히 머물지 않는다.

역설적이게도, 생각은 억지로 없애려 할수록 오히려 더 강하게 머문다.

　따라서 내가 할 일은 마치 다른 사람의 시선처럼 객관적으로 나를 바라보며, 생각과 거리를 두고 그것이 스스로 떠나가기를 가만히 기다리는 것이었다. 그리고 내가 지금 할 수 있는 일에 집중했다. 불안에 에너지를 주지 않기로 다짐하고, 그것을 날씨처럼 자연스럽게 여기기로 했다. 그리고 안전한 공간 안에서 진정한 내 모습을 보여줄 수 있는 사람들에게 에너지를 주며 있는 힘껏 그들을 사랑했다. 구름이 걷히고 맑은 해가 떠오르자 다시 안전한 공간에서 세상으로 나왔다. 그렇게 또 하루가 시작되었다. 분명한 것은 이 세상에서 불안은 완전히 사라지지 않는다는 점이다. 하지만 불안이 존재한다고 해서 절망할 필요는 없다. 자신만의 방식으로 기다리다가, 햇볕이 나면 밖으로 나와 생의 의지를 가지고 온전한 나로 살아가면 된다. 모든 것은 지나간다. 늘 그랬듯이.

숲의 생장

집 근처에 작은 숲이 있다. 생각이 많아질 때면 그에 잠식되기 전에 부지런히 숲을 향해 몸을 움직인다. 숲만큼 숨기 좋은 곳은 없다. 숲에는 울창한 나무들이 하늘을 가득 채우고 있고, 작은 풀과 낙엽들이 바닥에 깔려있다. 숲에 사는 새와 풀벌레의 노랫소리 덕분에 이곳은 외부 세상의 소음과 단절된, 나만의 평화로운 안식처가 된다.

숲속에서는 나뭇잎 사이로 햇살이 비치는 모습을 감상할 수 있다. 초록 잎 위로 반짝이는 햇살은 잔물결 같아 보인다. 빛이 유난히 아름다워서 잠시 넋을 놓고 바라보다가 다시 걸음을 옮긴다. 이렇게 우주와 하나 된 듯한 시간은 내 마음에 평온함과 안정감을 선사한다. 숲에서 나는 생명의 신비로움을 느낀다. 누가 바라보지 않아도 생명이 피고 지며, 무수한 생명체들이 우리를 둘러싸고 있다. 그들은 주변을 의식하지 않고 자신의 삶에 최선을 다한다. 비록 보이지는 않지만 그들이 내 곁에 언제나 존재한다는 사실 자체가 삶의 위안이 된다.

마음이 불안하고 괴로울 때면 나는 숲길로 향한다. 경건한 마음으로 길을 걸으며 숲속 고요함과 평화로움 속에서 생명의 존재를 느낀다. 그 순간 나는 진정 살아있음을 느낀다. 숲은 언제나 기대어 쉴 공간을 내어준다. 숲의 보호를 받아 우리의 마음은 어느덧 짙은 초록빛이 될 것이다.

씨앗을 심으면

땅에 씨앗을 심으면 싹이 나고, 잎을 펼친 뒤 다채로운 꽃을 피우고 열매를 맺는다. 볼품없어 보이는 씨앗들이 모여서 큰 숲을 이룬다. 작은 씨앗 속에는 생명의 힘이 담겨있다. 이 작은 존재의 성장과 변화를 통해 우리는 자연의 신비로움을 깨닫게 된다.

우리 또한 매일 변화하고 성장한다. 아주 어릴 적 함께 했던 친구들과는 연락이 끊기거나 가끔 안부를 주고받을 뿐이고, 대학 시절 단짝이었던 친구나 회사에서 의지하던 동기들 역시 예전처럼 매일 만나거나 일상을 공유하지는 않는다. 각자의 상황이 변하고 물리적인 거리가 멀어지면서, 현재 삶의 환경에 맞춰 비슷한 가치관과 관심사를 가진 새로운 인연들이 생긴다. 그렇다고 해서 우리가 함께했던 예전 그 시절이 사라지는 것은 아니다. 그때의 소중한 기억들은 여전히 보물상자처럼 반짝거린다.

나는 가끔 과거의 내 모습이 낯설게 느껴진다. 수많은 사건과 경험이 쌓여 지금의 내가 되었다. 십 대, 이십 대, 서른의 내 모습과 지금의 나를 비교한다면 과연 똑같은 사람이라고 할 수 있을까. 분명 본질은 변하지 않았고 과거의 내가 없었다면 지금의 나도 없겠지만, 그때와 지금의 나는 조금 다르다. 그때의 나에게 지금의 내가 해주고 싶은 말이 있지만, 그 말을 들었다 해도 과거의 나는 아마 귀 기울이지 않았을 것이다. 결국 겪어야 할 일은 겪어야 한다. 울어야 할 밤이 있었을 것이며, 후회하는 시간도 필요했을 것이다. 어제의 좌절이 오늘의 삶의 태도를 바꾸었을지도 모른다.

흐르는 강물처럼 삶 또한 흐른다. 흐르지 않는다면 변화와 성장도 없다. 사랑스러운 아이가 자라나지 않고 항상 그대로라면 부모가 행복할까? 부모는 품 안의 아이가 자라 독립하는 모습을 보며 기쁨을 느낄 것이다. 세상은 계속 변하고, 그 가운데 우리는 매 순간 선택을 하며 크고 작은 사건을 겪으며 성장한다. 어쩌면 변화 자체가 삶의 일부일지도 모른다. 변화의 흐름을 두려워하지 말자. 변화를 담담하게 받아들이며 내가 나아가고자 하는 방향을 향해 걸어가고, 그 길에서 만나는 기회마다 성공과 실패를 경험하며 성장하는 수밖에 없다. 그리고 이런 경험들은 우리의 내면을 더욱 단단하게 만들어준다.

작은 씨앗은 큰 숲을 품고 있다. 우리도 태아에서 시작해 아이였던 때를 거치고 수많은 경험과 시간의 흔적이 쌓여 지금의 모습이 되었다. 마치 한 번도 날아본 적 없던 애벌레가 나비로 변신해 두렵지만 용감하게 날개를 펼치며 첫 날갯짓을 하듯, 우리 역시 계속해서 변화하며 자라고 있다.

나의 정원

사람들은 저마다 자신의 계절을 산다. 어떤 이는 혹독한 겨울을 지나 벚꽃이 피는 아름다운 봄을 만끽하고, 또 다른 이는 뜨거운 열정의 여름 한가운데 서 있기도 하다. 누군가는 낙하하는 잎을 바라보며 가을을 맞이하거나 풍성한 결실을 거두기도 하고, 끝없는 듯한 긴 겨울을 가만히 견디는 이도 있을 것이다.

나 또한 아름다운 정원을 가꾸듯 삶을 소중히 돌보고 사랑하며 살아가고자 한다. 계절의 흐름을 가장 먼저 느끼며 자연과 함께 살아가며 위로받고, 매년 각자의 자리에서 피어나는 꽃들을 바라보며 기뻐하고, 반짝이는 윤슬에 감탄하고 밤하늘의 별을 헤아려보며, 해가 뜨고 지는 일상 속에서 사랑하는 이들과 함께 웃고 울고 기도하며 감사하는 것이다.

삶이 늘 그림 같고 동화 같으면 좋겠지만, 실제로는 자신의 삶을 사랑하며 살아가는 일이 결코 쉽지 않다. 우리는 인생에서 크고 작은 고통을 겪으며 살아간다. 아이에서 어른이 되는 과정에서 다양한 상처와 아픔, 좌절을 맞닥뜨린다. 그중에서도 가장 고통스러운 것은 바로 내가 스스로에게 상처를 주는 일이다. 시간이 지나면 고통스러웠던 상황 자체는 사라지지만, 상처받은 마음은 여전히 남아있다. 그 아픈 기억이 내 안에 머물러 나를 무너뜨리고 힘들게 한다. 안타깝게도 그 기억을 끌어안고 놓아주지 않는 이 또한 바로 나 자신이다.

타인이 아닌 오직 나 자신만이 내 마음의 상태를 결정할 수 있다는 것을 깨닫는 순간, 다시 일어설 힘이 생긴다. '행복은 선택'이라는 말이 있듯이, 내 안에는 힘들고 속상한 기억도 있지만 행복하고 아름다운 기억 또한 분명 존재한다. 아픈 기억에 지배되어 나 자신과 타인에게 상처를 주기보다는 그것들을 놓아주는 것이 중요하다. 좋은 기억과 생각으로 나를 채우고 인생을 긍정의 방향으로 이끌어가기 위해서는 많은 노력이 필요하다.

정원을 가꾸다 보면 자연스레 잡초가 돋아난다. 비가 내린 후에는 꽃보다 잡초가 더 무성하게 자란다. 잡초는 방치하면 아름다운 꽃밭을 모두 덮어버리고 집안과 문밖까지 번져 정원 전체를 가득 채운다. 그러니 작은 잡초라도 바로 뽑아내야만 한다. 이 상황을 해결할 수 있는 사람은 오롯이 나 자신뿐이다.

인생에서 벌어지는 모든 상황을 내가 통제할 수는 없다. 다만 흘러가야 할 것은 흘려보내야 한다. 보내야 할 것을 붙잡고 있다가는 새로 오는 봄바람 소리조차 듣지 못할 수 있다. 그러니 너무 꽉 붙잡지 말고 조금은 느슨하게 두자. 놓아 버리고 싶은 것들이 떠나가고 나면 다시 고요하고 깨끗한 내면을 되찾게 된다. 우리는 이렇게 고통과 회복을 반복하며 살아간다.

우리는 매일 선택한다. 내 안의 무엇을 떠나보내고 무엇을 간직할지를. 부디 아픈 기억은 파도처럼 멀리 사라지고, 눈을 감으면 꽃처럼 아름답고 예쁜 기억들만 잔잔히 떠오르기를 바란다. 우리는 각자 '나'라는 정원의 주인이다. 이 정원에 비가 오고 바람이 불어 꽃이 흔들리고 넘어지더라도, 햇빛이 비추면 꽃이 피고 새로운 생명이 싹튼다. 그 안에서 평화로운 쉼을 얻을 수 있기를 바란다.

글을 마치며

   가끔 수많은 생각들이 떠오르고 사라졌다. 밤마다 정리하지 못한 생각들이 나를 에워쌌다. 잠 못 이루는 긴 밤 속에서 홀로 유영했다. 내 안에 가득 차 있던 단상들과 사라지는 것들을 붙잡아 글로 표현할 수밖에 없었다. 그래야만 내가 살고 앞으로 나아갈 수 있었다.

   글을 쓰는 내내, 마음에 담아 두었던 지나간 기억들을 떠올리며 나를 위로하는 시간을 가졌다. 과거의 나를 이해하고 받아들이기로 했다. 그리고 앞으로 나아가야 할 방향에 대해 고민했다. 지나쳐 버렸던 나를 다시 마주하니 복잡했던 머릿속이 맑아지고 편안해졌다. 그렇게 무성했던 풀들을 정리하고 나서야 비로소 내 영혼의 속도에 맞추어 걸을 수 있었다. 이제 정돈된 숲속에 나무도 자라고 꽃들도 아름답게 피기를.

   우리는 서로 연결되어 있다. 우리 각자의 상처가 서로 다른 무늬를 가지고 있을지라도, 내가 그랬듯이 이 글을 읽는 사람들도 자신을 돌보는 시간을 가지기를 바란다. 우리가 함께 만든 숲은 곁을 내주지 않는 척박한 숲이 아니라, 서로 다른 존재들이 조화롭게 어우러져 생동하는 울창한 숲이 되기를 소망한다. 그러기 위해서는 주변 바람에 흔들려 쉽게 부러지는 나무가 아닌, 내면이 단단하고 건강한 나무가 되어야 한다.

   세상의 속도에 맞춰 살아가느라 놓쳐버린 자신을 가끔 돌아보며 보살펴 주고 사랑해 주면 좋겠다. 여전히 안개 속에서 헤매는 기분으로 하루를 살아가는 날도 있고 절망하는 날도 있겠지만, 또다시 괜찮아질 것이다. 좋아하는 음악을 듣고 꽃의 이야기에 귀 기울이며 오롯이 혼자만의 시간을 가져보길 바란다. 깊고 어두운 밤을 그저 버티고 있는 당신에게 이 글이 다정한 위로가 되기를.

플로리스트 메이플레르의 꽃 에세이
꽃은 나에게 마음의 숲이 되어주었다

초 판 발 행 일	2024년 10월 25일
발 행 인	박영일
책 임 편 집	이해욱
저 자	김예진
편 집 진 행	황규빈
	이예은
표 지 디 자 인	하연주
내 지 디 자 인	김세연
발 행 처	시대인
공 급 처	(주)시대고시기획
출 판 등 록	제 10-1521호
주 소	서울시 마포구 큰우물로 75 [도화동 538 성지 B/D] 9F
전 화	1600-3600
홈 페 이 지	www.sidaegosi.com
I S B N	979-11-383-7666-2(03810)
정 가	18,000원

※이 책은 저작권법에 의해 보호를 받는 저작물이므로, 동영상 제작 및 무단전재와 복제, 상업적 이용을 금합니다.
※이 책의 전부 또는 일부 내용을 이용하려면 반드시 저작권자와 (주)시대고시기획 · 시대인의 동의를 받아야 합니다.
※잘못된 책은 구입하신 서점에서 바꾸어 드립니다.

시대인은 종합교육그룹 (주)시대고시기획 · 시대교육의 단행본 브랜드입니다.